Dave Burchett

Bleib an meiner Seite

Über den Autor

Dave Burchett war über mehr als drei Jahrzehnte ein erfolgreicher TV-Sportdirektor. Er verantwortete unter anderem die Übertragung der Olympischen Spiele sowie etliche Profi- und College-Sportwettkämpfe. Einunddreißig Jahre lang leitete er auch die TV-Baseball-Übertragungen der Spiele der *Texas Rangers* und wurde mit einem nationalen Emmy sowie zwei lokalen Emmys ausgezeichnet.

Als Dave vor mehr als zehn Jahren vom Schreibvirus befallen wurde, hätte er sich nicht träumen lassen, dass sein drittes Buch, eins über seine Hunde, sein Lieblingsbuch sein würde. Dave ist darüber hinaus als Redner unterwegs und betreibt den Blog *Confessions of a Bad Christian.*

Er ist seit über vierzig Jahren mit Joni verheiratet und Vater von drei erwachsenen Söhnen sowie Großvater von drei Enkeln – und Herrchen eines Labradors namens Maggie.

DAVE BURCHETT

Bleib an meiner Seite

Was ich von meinem Hund über Lebensfreude, Verlust und Gottvertrauen gelernt habe

Aus dem amerikanischen Englisch von Eva-Maria Nietzke

GerthMedien

„Das größte Erbe, das man seinen Kindern
und Enkelkindern hinterlassen kann, besteht weder
aus Geld noch aus materiellen Dingen,
die man während seines Lebens angehäuft hat,
sondern aus Charakter und Glauben."

– Billy Graham –

Für meine wunderbaren Enkelkinder Ethan, Clara und Bennett. Nichts motiviert mich mehr, meinen Lauf als Christ, Ehemann, Vater und Großvater treu zu vollenden, als in eure unschuldigen und liebenden Augen zu blicken. Ich hoffe, dass es mir gelingt, jedem von euch die Dinge beizubringen, die ich in diesem Buch beschrieben habe. Sollte mir dieses Vorrecht nicht vergönnt sein, dann sollt ihr wissen, dass Opa letztlich begonnen hat herauszufinden, was es bedeutet, Jesus nachzufolgen. Ich liebe euch alle bedingungslos und von ganzem Herzen.

Mit Gottes erstaunlicher Gnade,
Opa

Inhalt

Vorwort

Als mein Freund Rusty Kennedy vorschlug, ich solle Dave Burchett treffen, kam mir dieser Name irgendwie bekannt vor. Später fiel es mir ein: Ich kannte ihn, weil ich jahrelang die Baseballspiele meiner geliebten *Texas Rangers* im Fernsehen gesehen hatte. Daves Name war dabei häufig sehr respektvoll von den Kommentatoren genannt worden. Er war nämlich der hinter den Kulissen arbeitende Produktionsleiter, für mehr als drei Jahrzehnte. Doch das war nicht der Grund für Rustys Vorschlag.

Er erzählte mir vielmehr, Dave habe ein Buch über seine Erfahrungen der Gnade und seinen Weg zur inneren Freiheit in Christus geschrieben. Ich las daraufhin sein erstes Buch *(When Bad Christians Happen to Good People)* und war tief beeindruckt von Daves ehrlichen Worten über sein persönliches Ringen mit einem auf Leistung basierten Glauben. Und so inspirierte mich Gott unter anderem mit diesem Buch während meiner eigenen Entdeckungen in Sachen Gnade und Identität, die letztlich zu dem *MercyMe*-Album „*Welcome to the New*" führten.

Als ich dann Dave persönlich traf, fand ich heraus, dass er nicht nur Gottes Gnade und Baseball liebt, sondern auch Hunde. Ich glaube, man kann ihn gar nicht besser beschreiben. Ich war zutiefst bewegt, fühlte mich herausgefordert und war verblüfft über die Einsichten, die Dave über das Leben durch seine beiden Hunde Hannah und

Maggie gewonnen hatte. Ich kann all seine Geschichten über Treue, Loyalität und Gnade, die er mit seinen vierbeinigen Freunden erlebt hat, ganz und gar nachempfinden. Wir als Familie lernen derzeit ähnliche Lektionen mit unserem wie ein Shetlandpony großen Welpen Lulu.

Lulu ist genau wie ich ganz schön chaotisch, aber wir lieben sie von Herzen. Sie ist ein grandioses Beispiel dafür, wie wir mit all unserem Chaos zum himmlischen Vater kommen dürfen, der all das sieht und kennt und der uns dennoch aufgrund seines Sohnes unbegreiflich liebt.

Ich glaube, vielerorts geschieht eine Erweckung durch Gnade. Und Daves wundervolle Sammlung an Lebenslektionen zeigt dabei, wie Jesus kam, um uns eine neue Identität zu schenken und einen Weg zu zeigen, wie wir mit Sünde umgehen sollen. Auch werden Sie in diesem Buch entdecken, wie Gott sogar Hunde benutzt, um einem willigen Nachfolger klarzumachen, dass wir Menschen uns nicht darum bemühen sollen zu vollbringen, was Jesus bereits vollbracht hat.

„Bleib an meiner Seite“ ist eine unterhaltsame Lektüre über Daves Reise mit seinen vierbeinigen Mentoren hin zur Gnade Gottes. Und ich möchte nicht versäumen zu erwähnen, dass Lulu diesem Buch die höchste Auszeichnung in Form von vier Pfoten verliehen hat.

Bart Millard,
Songschreiber und Sänger der Worshipband *MercyMe*

Einleitung

„Der einzige uneigennützige Freund,
den ein Mann in dieser selbstsüchtigen Welt haben kann,
der Einzige, der ihn nie im Stich lässt und
niemals undankbar ist oder ihn hintergeht,
ist sein Hund."

– Senator George Graham Vest, 1870 –

Ich hätte mir nie träumen lassen, eines Tages ein Buch über einen Hund zu schreiben. Zwar war ich immer der Ansicht, unsere Labrador-Hündin Hannah sei ein ganz besonderer Hund, doch die Idee, ein Buch über sie zu schreiben, kam mir erst in dem Moment, als bei ihr Krebs diagnostiziert wurde und wir befürchteten, sie sehr bald zu verlieren. Ich begann die Möglichkeit in Betracht zu ziehen, unsere vierbeinige Freundin könnte nur noch ein paar Tage, vielleicht mit etwas Glück einige Wochen bei uns sein. Genau da beschloss ich aufzuschreiben, was ich aus der Beziehung mit Hannah gelernt hatte. Ich dachte an all die schönen Erinnerungen, die mir meine Hundefreundin bereitet hatte, und an die Lebenslektionen, die sie mir beigebracht hatte. Und so erkannte ich, während ich mich auf den bevorstehenden und unausweichlichen Verlust von Hannah vorbereitete, eine sehr aufschlussreiche Wahrheit: Die Vorbereitung auf den Tod ist die Vorbereitung auf das Leben.

> Die Vorbereitung auf den Tod ist die Vorbereitung auf das Leben.

Gott hatte mir durch diese einzigartige Freundschaft zu meinem Hund so viel klargemacht. Auch dass er uns auf sehr vielfältige Weise Dinge beibringen kann; alles, was er dafür braucht, ist jemand, der aufmerksam zuhört.

Mich erinnert dieser Gedanke an einen Vers aus dem Buch Hiob. Hiob hatte alles verloren, was ihm lieb und teuer war, als er von seinen „Freunden" beraten wurde, die sich fragten, welche Sünde Hiob wohl begangen hatte, um so viel Leid heraufzubeschwören. Frustriert erklärte Hiob dann, er könne von der Schöpfung mehr über Gott und dessen Absichten lernen als von Menschen: *„Von den Tieren draußen kannst du vieles lernen, schau dir doch die Vögel an!"* (Hiob 12,7).

Auch ich habe oft diesen Eindruck.

Doch um ehrlich zu sein, ich bin nicht gezielt auf Hannah zugegangen, um sie zu bitten, mir etwas beizubringen. Selbst ich bin nicht so verrückt! Es war vielmehr so, dass ich einfach keine Ahnung hatte, wie viel ich lernen würde, ehe ich meine Augen und mein Herz öffnete, um zu erkennen, was Hannah und ihre Fellfreunde mir über Freundschaft, Loyalität, Vertrauen und Gnade beibringen konnten. Ich sollte Lebenslektionen durch einen nicht aus der Ruhe zu bringenden vierbeinigen Ausbilder lernen. Und als ich begann, „das" zu begreifen, musste ich über Gottes Sinn für Humor lachen. Gleichzeitig war ich sehr berührt von seiner wunderbaren Gnade. Ich glaube, Gott wusste von Beginn an, dass ich diese besondere Beziehung zu meinem Hund haben würde. Vermutlich wusste er auch, dass ich angesichts Hannahs verheerender Krebsdiagnose sehr aufmerksam zuhören würde. Gott weiß nur allzu gut, wie schwierig es ist, die Aufmerksamkeit eines Menschen zu gewinnen, der unter einem Aufmerksamkeitsdefizitsyndrom leidet, und so ließ er bei mir keine Gelegenheit ungenutzt.

Was mein Hund Hannah mich gelehrt hat, war wie eine Offenbarung für mich. Wer hätte gedacht, dass ich einmal die bedeutsamsten Schritte meines geistlichen Lebens einem angenommenen Hundewelpen zu verdanken habe? Ich jedenfalls schäme mich nicht zuzugeben, dass ich bei meinem eigenen Hund in die Lebensschule gegangen bin. Die Worte des amerikanischen Schriftstellers Corey Ford bringen es da auf den Punkt: „Wenn er gut abgerichtet ist, kann ein Mann der beste Freund eines Hundes sein." Und ich war mit einem hervorragenden Ausbilder gesegnet.

1
Welpenliebe

„Kein Psychiater dieser Welt
kann mehr bewirken als ein Hundewelpe,
der dir das Gesicht leckt."

– Senator George Graham Vest, 1870 –

Meine Frau Joni und ich sind richtige Hundefans. Ich bin mit einem angenommenen Hund namens „Penny“ aufgewachsen. Sie sah aus wie die Terrier-Schöpfung eines verrückten Wissenschaftlers und war von der Grundschule bis zum College meine beste Freundin. Auf dem Foto bin ich mit Penny zu sehen.

Joni wuchs in Südflorida mit einem süßen Boxer namens Dutchess auf, den sie innig liebte. Die beiden machten allerdings der heimischen Entenpopulation das Leben schwer, da sie täglich auf Jagd gingen.

Hunde waren also seit jeher ein Teil unseres Lebens. Und Ende 2001 standen wir vor der schwierigen Entscheidung, die irgendwann einmal auf jeden Hundebesitzer zukommt: Was soll man nur tun, wenn der eigene Hund sich dem Ende seiner Lebensreise nähert? Charlie, unser vierzehn Jahre alter Golden Retriever, stand kurz davor. Im Winter 2001 humpelte er mit kaum noch funktionierenden Hüften herum, die ihm beim Gehen starke Schmerzen bereiteten.

Von seiner verrückt draufgängerischen Form war er mittlerweile weit entfernt. Er war früher eine perfekte Mischung aus einem Alphatier voller Testosteron und einem treuen Begleiter für eine Familie mit drei ausgelassenen Jungs. Er rannte, jagte, rang, schwamm, tauchte und knuddelte mit unseren Söhnen Matt, Scott und Brett. Während ihrer Pubertät und ihrem Highschool-Frust war Charlie ihr treuer Kumpel, so wie Penny früher für mich.

Neben der Rasse gab es einen weiteren, entscheidenden Unterschied zwischen Penny und Charlie. Erinnern Sie sich an „Marley", den durch das Buch und den Hollywoodfilm bekannt gewordenen Labrador, der als der schlimmste Hund der Welt bezeichnet wurde? Nun, Charlie hätte in dem Kontext eigentlich auch genannt werden müssen, denn er war ein vierzig Kilo schweres Bündel tatkräftiger Verwüstung.

Insbesondere während eines Gewitters verhielt sich Charlie wie ein Psychotiker. Nicht selten verursachte er Schäden in unserem Haus im Wert von mehreren Hundert Dollar. Brach ein Gewitter aus, während er allein zu Hause war, kamen wir verängstigt und zugleich gespannt vor Erwartung nach Hause zurück, um herauszufinden, was er diesmal angerichtet hatte. Einmal hatte er eine ganze Tür des Waschbeckenunterschranks so großzügig zerkaut, dass er dahinter Platz gefunden hatte. Und während er dort versteckt blieb, biss er noch das Plastiksiphon durch, nur um sich von dem tobenden Gewitter abzulenken.

Ein anderes Mal entdeckten wir, dass der Käfig unseres Meerschweinchens umgeworfen und „Squeaker" verschwunden war. Wir befürchteten das Schlimmste, konnten aber keine Spur eines Verbrechens entdecken. Nach ein paar Stunden hörten wir dann Squeakers panisches Quieken unterhalb eines Einbauschranks. Irgendwie war es dem Nager gelungen, seinen pelzigen Körper durch eine enge Öffnung zu quetschen, um dem vom Donner verrückt gewordenen Charlie zu entkommen. Wir konnten ihn allerdings nicht mit der Hand fassen, um ihn hervorzuziehen. Und weder unser lockendes Rufen noch Knabberdrops bewegten die zitternde Kreatur dazu, aus ihrem Zufluchtsort hervorzukrabbeln. Letzten Endes mussten wir einen Tischler beauftragen, ein Loch in den Schrank zu sägen, damit unser Meerschweinchen gerettet werden konnte.

Und dann war da noch jener Vorfall, als wir nicht zu Hause waren und einen überraschenden Anruf von unserer Sicherheitsfirma erhielten. Unser Alarmsystem war ausgelöst worden. Ich machte mir Sorgen um das Haus und fragte mich auch, wie es wohl Charlie ging. Die Polizei fuhr vorbei und berichtete, sie habe lediglich einen schwanzwedelnden Golden Retriever gesehen, der sich offenbar über ihre Anwesenheit freute. Nach genauerer Untersuchung stellte sich heraus, dass Charlie während eines weiteren Gewitters einige Kabel durchgebissen hatte.

Ich vermute, Sie haben Charlies besonderen Charakter verstanden: Charlie konnte mit den Stürmen in seinem Leben nicht besonders gut umgehen.

Doch trotzdem, was nur Hundefreunde verstehen, liebten wir ihn über alles.

Als Charlies Zustand sich verschlechterte, studierten Matt und Scott bereits an der Baylor University und unser jüngster Sohn Brett sollte auch in ein paar Jahren unser Nest verlassen. Wir fragten uns, wie unser Leben wohl ohne einen Hund im Haus aussehen würde. Sollten wir uns einen neuen anschaffen? Oder würden wir Charlies Ableben als Atempause verstehen, die es uns erlauben würde, ohne zusätzlichen Aufwand zu verreisen und außer Haus zu sein?

Im Januar 2002 rief dann eines Tages Scott von der Universität aus an und redete nicht lange um den heißen Brei: Seine Freundin (seine jetzige Frau) Caroline hatte einen Labrador-Welpen „geerbt", der im Studentenwohnheim durch mehrere Hände gegangen war. Allerdings war der Spaß, einen süßen Welpen auf dem Campus zu besitzen, mittlerweile zu einer zeitraubenden Sache geworden. Schließlich ist die Fürsorge für einen Hundewelpen nicht weit geringer aufwendig als die Fürsorge für ein Baby. Scott und Caroline, die über

Charlies schlechten Zustand Bescheid wussten, schlugen Joni und mir vor, den Welpen eine Weile aufzunehmen.

„Caroline hat den Welpen vorübergehend bei sich aufgenommen. Sie heißt Hannah. Wir können uns dieses Wochenende nicht um sie kümmern. Könntet ihr sie vielleicht nehmen, bis wir ein Zuhause für sie finden?"

Doch schon ein paar Minuten nachdem Hannah unser Haus erschnüffelt hatte, war für mich klar, dass dieser Welpe nirgendwo mehr hingehen würde. Hannah war kein gewöhnlicher Labrador. Ihr Fell war nicht wie üblich hellblond. Sie war ein fuchsroter Labrador, mit der dunkleren, rötlichen Färbung. Welpen dieser Art sind in aller Regel recht teuer, und so war es rückblickend gesehen ein richtiges Geschenk, sie kostenlos zu bekommen.

In den darauffolgenden Wochen stellte sich immer mehr heraus, dass Hannah wirklich etwas Besonderes war. Ihre Ohren waren weich wie ein Nerz. Und sie hatte Augen, die bis auf den Grund unserer Seele zu sehen schienen. Ihr freundlicher Gesichtsausdruck entsprach vollends ihrem Charakter. Sie war jedes Mal überglücklich, wenn irgendjemand mit ihr spielen wollte. Und ich erkannte in Hannah eine Hüterin.

Von Anfang an begriff sie instinktiv, dass Charlie mit ihrem wilden Welpengehabe nicht fertigwerden würde. Dennoch wurden die beiden sofort Freunde und Hannah ging mit dem alten Charlie in seinen letzten Tagen ganz behutsam um.

Als TV-Sportdirektor für die *Texas Rangers* bin ich ungefähr die halbe Baseballsaison, von April bis September, unterwegs. Und es war gleich im April, während ich in New York im Stadion der Yankees arbeitete, als Joni anrief und mir mit zitternder Stimme erklärte, sie werde nun Charlie für einen letzten Besuch zum Tierarzt bringen. Er konnte auf einmal nicht mehr laufen und verweigerte sein Futter.

Sein einst so vor Kraft strotzender Körper war ganz und gar hinfällig geworden. Es war Zeit, sich von ihm zu verabschieden.

Nachdem ich aufgelegt hatte, sah ich draußen vor dem Stadion einen Polizisten mit seinem Polizeihund vorbeigehen. Es war ein Labrador. Der Anblick schnitt mir ins Herz; ich vermisste meinen verrückten Freund Charlie schon jetzt. Ich lief nach draußen, ging auf den Polizisten zu und fragte ihn, ob ich den Hund streicheln dürfe.

„Er ist im Dienst", bellte der mich an.

„Ich verstehe das. Ich bin nur traurig. Wir mussten uns heute von unserem vierzehn Jahre alten Golden Retriever verabschieden."

Die Miene des Polizisten hellte auf.

„Streicheln Sie den Hund."

„Es ist in Ordnung. Ich verstehe, dass er …"

„Streicheln Sie jetzt den Hund!", befahl er mir.

„Ja!"

Die Kraft dieser besonderen Beziehung, die wir Menschen zu Hunden schmieden, ist wirklich einzigartig.

An diesem Tag mussten wir uns von einem lieben Freund verabschieden. Doch Gott hatte uns bereits ein besonderes Geschenk der Gnade gemacht: Hannah.

WAGGIN'
FOR
A
CURE

2
Immer da

„Es kommt nicht darauf an,
wo man im Leben steht, wichtig ist nur,
wer dort an unserer Seite ist."

– unbekannter Autor –

„Bevor Hannah zu uns kam, hätte ich sicherlich gesagt, Penny war die beste Hündin, die ich je hatte. Bitte nicht falsch verstehen – ich habe auch den verrückten Charlie geliebt. Ich bekenne daher, auch auf die Gefahr hin, jetzt wie eine schlechte Parodie von Julio Iglesias zu klingen: In meinem Herzen habe ich Platz für einen jeden meiner Hunde, aber Hannah ist einfach umwerfend!“ (Aus meinem Tagebuch.)

Hannahs athletische Wendigkeit ist einfach eine Augenweide! Vielleicht liegt es daran, dass ich schon so lange sportinteressiert bin. Sie kann einen Tennisball besser fangen als einige Outfielder, über die ich im Profibaseball berichtet habe. Sie ist extrem wettbewerbsorientiert, nicht aber in einem negativen Sinne, so wie manche Zweifüßler sich oft anstellen. Sie liebt es einfach, ihre ganze Kraft einzusetzen, zugleich ist sie aber auch sanftmütig. Ich kann mich an kein einziges Mal erinnern, dass sie mich gekratzt oder mir irgendwie wehgetan hätte. Sie spielt einfach mit voller Hingabe, so wie Hunde es gerne tun, und das ist ansteckend.

Sie hat sogar selbst herausgefunden, wie sie drei Tennisbälle gleichzeitig in ihre Schnauze stecken und diese dann in unsere Richtung spucken kann – so wie Snoopy von den Peanuts. Das nenne ich wirkliches Talent!

Aber mehr noch als ihre verrückten Fähigkeiten unterscheidet sich Hannah von allen anderen Hunden durch einen entscheidenden Aspekt: Sie ist für mich wie eine Seelenverwandte, denn sie trat genau in dem Moment in unser Leben, als für Joni und mich die schwierigste Zeit unseres Lebens begann – das war ab dem 20. März 2006.

Wir nennen diesen Tag seitdem D-Day, also „Tag der Entscheidung“ oder auch „Tag der Diagnose“. An dem Tag war ich gerade unterwegs (wie so oft), als ich eine Sprachnachricht von Joni erhielt. Sie hatte sich seit einiger Zeit Sorgen wegen eines Knotens in ihrer Brust gemacht. Zwar hatte sie die Mammografien und Untersuchungen stets durchführen lassen, da war immer alles in Ordnung gewesen, doch dieses Mal war Joni etwas beunruhigter als sonst. Sie hatte eine zweite Meinung eingeholt und dieser Arzt hatte dann auch eine Biopsie angeordnet. Wir hatten eine solche Gewebeentnahme schon mehrmals miteinander überstanden; die Ergebnisse waren immer gutartig gewesen. Insofern waren wir beide einfach nicht vorbereitet auf die schlechten Neuigkeiten, die sie an diesem Frühlingstag erhielt.

> Manchmal kann ein einziger Satz unser ganzes Leben verändern.

Jonis Nachricht bestand aus einem einzigen Satz. Die meisten Sätze, die wir im Leben so sagen, sind alltäglicher Natur. Dinge wie „Ich kann meine Schlüssel nicht finden“, „Bring bitte den Abfall raus“ oder „Kannst du bitte den Hund füttern“. Doch manchmal kann ein einziger Satz unser ganzes Leben verändern. Joni sagte einen solchen Satz: „Meine Gewebeprobe ist bösartig.“

Mehr brachte sie nicht heraus. Sobald es mir möglich war, rief ich sie zurück, um mit ihr zu reden und zu beten. Anschließend regelte ich alles, um so schnell wie möglich nach Hause zu eilen. Dort angekommen begleitete ich Joni dann zu ihrem Termin beim Chirurgen, von dem wir eine optimistisch gehaltene Auskunft und Aufklärung erhielten. Doch ein paar Tage später sprach der Pathologiebericht eine andere Sprache. Der Tumor war klein, aber sehr aggressiv. Wir waren erschüttert. Es gab zwar ein neues Medikament, das auf ihre spezifische HER2-positiv-Diagnose abzielte, doch sollte sie das Medikament nicht vertragen, wäre die Prognose sehr düster. Insgesamt war diese relativ positiv, doch der Weg würde sehr schwer werden. Joni würde nach einer Lumpektomie, bei der der Tumor entfernt wird, ein Jahr Chemotherapie vor sich haben, gefolgt von Bestrahlungen. Ich begriff nun, was einst der berühmte Philosoph, Schwergewichtsweltmeister Mike Tyson, meinte, als er sagte: „Jeder hat eine Strategie, bis er eins in die Fresse bekommt." Genauso fühlte ich mich, nachdem ich mit meiner Frau gesprochen und geweint hatte.

Joni hatte verständlicherweise Angst vor dieser schwierigen Behandlung. Gleichzeitig setzte sie ihr ganzes Vertrauen auf Gott. Als wir dann für die bevorstehende Operation beteten, ließ meine wunderschöne Frau einen Satz fallen, der alles veränderte:

„Herr, ich stelle dir keine Fragen und ich werde dir keine stellen."

Sollte ich nicht gemeinsam mit einer solchen Frau kämpfen wollen?

An dem Tag, als sie die Diagnose erfuhr, sagte ich ihr, dass ich am liebsten ihre Stelle einnehmen würde. Sie aber erwiderte, sie sei froh darüber, dass nicht ich da hindurchmusste, sondern sie. Und das Wunder, dass Ehepartner eins werden, zeigte sich darin, dass wir beide tatsächlich meinten, was wir sagten.

Inmitten dieses Lebenssturms erschnüffelte sich Hannah als eine tröstende und fürsorgende Freundin ihren Weg durch unsere Ängste hindurch. Hannah blieb jede Minute, die ich nicht zu Hause war, an Jonis Seite. Wenn Joni nach ihrer Behandlung ins Bett kroch, legte sich Hannah neben Joni auf dem Boden hin. Man könnte meinen, das sei nichts Besonderes, doch normalerweise schlief Hannah immer auf meiner Seite des Betts. Sie änderte ihr eigenes gewohntes Verhalten, um Joni ganz nahe zu sein.

Wenn es Joni wieder besser ging, schmiegte sich Hannah neben ihren Sessel und blieb dort so lange, wie Joni die Ohren unseres „Therapiehundes“ kraulte. Wurde Joni dann müde, schlich Hannah unter die Hebevorrichtung des Sessels, um ihr ganz nah zu sein. Mehr als einmal hätte Joni fast den Mechanismus betätigt, während ihre schlafende Freundin darunterlag. Zum Glück bemerkte sie Hannah jedes Mal rechtzeitig.

Hannah verzichtete sogar darauf, ihre Spielzeuge zu Joni zu bringen. Hannah spürte, dass das Spielen warten konnte. Sie ahnte, was ihre Freundin Joni in diesen Momenten brauchte – weiche Ohren, die sie kraulen konnte. Irgendwie schien Hannah intuitiv zu wissen, was sie tun musste, um uns aufzumuntern, und ihre Augen sagten uns, was sie nicht aussprechen konnte. Unsere zweibeinigen Freunde waren nicht immer so gut darin.

Zum Beispiel versuchte Hannah nie, uns mit Geschichten von anderen Krebspatienten auf etwaige künftige Probleme „vorzubereiten“. Vor allem waren diejenigen, die zu helfen versuchten, indem sie Geschichten von schlimmen Nebenwirkungen erzählten, alles andere als hilfreich. Die Ärzte hatten uns angesichts Jonis Zustand ein umfassendes Bild der Möglichkeiten aufgezeigt. Wir brauchten daher keine willkürlichen Horrorgeschichten, die mit ihrer Situation absolut nichts zu tun hatten.

Hannah gab auch keine Prophezeiungen von sich nach dem Motto: „Alles wird gut.“ Niemand konnte wissen, wie sich die Dinge entwickeln würden. Nur eines stand fest: Gott würde auf jeder Etappe des Weges treu an unserer Seite sein.

Hannah gab auch keine bedauernden, traurigen Laute von sich oder verhielt sich irgendwie seltsam, wenn Joni da war. Viele Leute, die es gut meinen, verhalten sich trotzdem sonderbar, wenn sie mit Krankheit konfrontiert werden. Hannah hingegen war einfach sie selbst, und das war für Joni und mich sehr tröstlich.

Hannahs goldige Fürsorge war einfach perfekt. Viele Christen meinen, sie müssten angesichts von Schwierigkeiten etwas Tiefgreifendes oder theologisch Brillantes von sich geben. Doch einfache Zusagen wie *„Ich bete für euch"* oder *„Ich bin da, wenn ihr mich braucht"* kommen bei Betroffenen viel besser an als eine theologische Abhandlung über das Leid. Manche wissen nicht, was sie sagen sollen, und gehen daher dazu über, etwas in aller Ausführlichkeit zu sagen. Joni und ich waren nicht imstande, das alles mitten in der Situation, mitten in unserem Kampf zu ergründen. Wir mussten einfach einen Schritt nach dem anderen gehen – mit Gott. Wir wussten, er hatte einen Plan für uns. Und wir waren nicht der Ansicht, dass er diesen Plan anderen anvertraut hatte!

Joni und ich hörten von vielen Leuten, sie hätten nicht so gut mit dieser Prüfung fertigwerden können wie Joni. Doch das stimmt nicht. Jesus nachzufolgen bedeutet auch zu wissen, dass er in Zeiten der Prüfung in besonderer Weise an unserer Seite ist. Er schenkt auf übernatürliche Weise Kraft und Trost. Gott versorgt uns mit all diesen Dingen, wenn wir sie brauchen. Schließlich kann man weder Kraft noch Trost für künftige Schwierigkeiten aufheben und sie in eine Butterbrotdose packen. Gott gibt uns diese Dinge nach Bedarf. Insofern war Gottes Kraft für unsere Prüfung vergleichbar mit dem Manna, das die Israeliten in der Wüste bekamen (vgl. 2. Mose). Sie durften damals nur die für einen Tag benötigte Menge sammeln und keine Reste übrig lassen. Nur für den Sabbat durften die Israeliten am sechsten Tag der Woche die doppelte Menge sammeln.

Nachdem Joni ihre Behandlungen hinter sich hatte, beschloss sie ihren Sieg zu feiern, indem sie am *Susan G. Komen 3-Day*, einem Laufevent gegen Brustkrebs, teilnahm. Seit Beginn im Jahr 2003 haben bereits Millionen von Menschen in ganz Amerika daran teilgenommen, um ein Zeichen zu setzen. Die Teilnehmer legen in drei Tagen eine Strecke von sechzig Meilen (96,56 Kilometer) zu Fuß zurück. Und nur ein Jahr nach der Diagnose begann meine Frau, für das Event in Dallas zu trainieren.

Obwohl ich wusste, ich könnte während der drei Tage nicht jeden Schritt mit ihr gehen, fing ich doch an, gemeinsam mit ihr zu trainieren. Wir machten täglich Spaziergänge, an den Wochenenden sogar ausgedehnte – und Hannah war eine gute Trainingspartnerin.

Am ersten Tag des Events kam Jonis Schwester Gayla aus Florida angereist, um sich ihr anzuschließen. Auf der Strecke hatten sich Freunde und Verwandte an verschiedenen Checkpoints eingefunden, um Joni, Gayla und die vielen anderen Teilnehmer anzufeuern.

Die erste Etappe endete für die beiden am Freitag, und wir beschlossen, Joni am Samstag mit einer ihrer größten Unterstützerinnen zusammenzubringen. Doch wir konnten Hannah nicht einfach ohne Trara mitbringen. Wir mussten sie noch dem Event entsprechend bekleiden. In der Tierhandlung fand ich ein schickes rosafarbenes Outfit, auf das wir eine Nummer malten. Hannah sah nicht besonders glücklich aus, als ich mich mühte, ihr das Outfit anzuziehen. Es war eines der wenigen Male, die sie mich wirklich enttäuscht ansah. Sie drehte und wand sich und zeigte so großes Missfallen, wie es ihr mit ihrem goldigen Charakter nur möglich war.

Hannah konnte ihr Unbehagen nicht verbergen, als wir ins Auto stiegen, um Joni und Gayla am Checkpoint zu treffen. Doch als Hannah ihr Frauchen sah, änderte sich ihre Haltung schlagartig. Ihr Lächeln blieb die ganze Zeit in ihrem Gesicht.

Als ich das gefürchtete Outfit am nächsten Tag erneut hervorholte, hatte sich Hannahs Einstellung dazu komplett verändert. Sie war ganz aufgeregt, das eng anliegende Teil aus Stretch überzustreifen, denn es bedeutete ja nun für sie, Joni wiederzusehen!

Wir sind zutiefst dankbar für all den Trost und die Fürsorge, die Hannah uns während dieser schwierigen Zeit gegeben hat. Fünf Jahre später sollte sie dasselbe von uns benötigen.

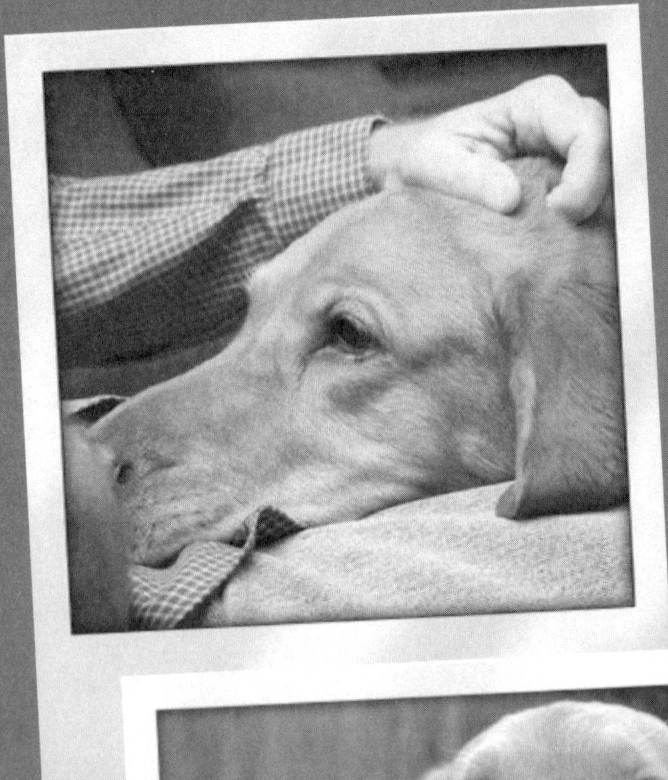

3

Sei einfach da!

„Hunde bringen sich nicht um ihren Schlaf,
indem sie sich sorgen, wie sie das, was sie besitzen,
behalten können oder wie sie an Dinge kommen können,
die sie nicht haben. Ich habe nichts Wertvolles
zu vererben außer meine Liebe und meine Treue."

– Eugene O'Neill, aus dem letzten Willen und
Testament seines Dalmatiners Blemie –

„Dass Hannah für uns eine so besondere Freundin ist, liegt unter anderem daran, dass sie während einer schwierigen Zeit in unser Leben trat, als ihr Frauchen – meine Frau Joni – mit der Diagnose Brustkrebs konfrontiert wurde. In dieser beängstigenden Zeit schenkt Hannah uns durch ihre Anwesenheit Trost. Und ich fand ein passendes Zitat: ‚Geht es uns nicht gut, kann ein Hund ein großer Trost sein, weil er nicht versucht herauszufinden, warum wir traurig sind.'"

Hannah wusste, wie sie mit Menschen umgehen musste, die durch ein emotional wie körperlich anstrengendes Tal hindurchgehen. Ihre Lösung war einfach, aber sehr wirkungsvoll: Sei einfach da! Und diese Art einer ungefragten Ermutigung war genau das, was Joni und ich damals brauchten.

Als für uns der Weg mit dem Krebs begann, lernten wir eine Menge schwieriger Lektionen. Eine der schwierigsten war der Umgang mit den Reaktionen anderer, mit der Art und Weise, wie Menschen, die uns nahestanden, mit Tragödie und Krankheit umgehen. Wir hatten gewisse Erwartungen an Menschen, die uns in diesem Sturm sicher zur Seite stehen würden, doch diese trafen nur ganz selten ein. Einige Menschen, von denen wir annahmen, dass sie uns treu bleiben würden, wurden mit einem Mal geradezu unsichtbar.

Und andere, auf die wir gewettet hätten, sie würden uns beständig ermutigen, reagierten unbeholfen und distanziert. Das kann einen ganz schön erschüttern, wenn plötzlich die eigenen Erwartungen an Freunde und Familie enttäuscht werden.

Zwar erfuhren wir nie die Gründe, doch ich vermute, die Leute konnten mit unserer Situation einfach nicht umgehen. Vielleicht löste Jonis Krebserkrankung bei ihnen die Furcht vor der eigenen Sterblichkeit aus. Einige verhielten sich sogar so, als sei Krebs ansteckend. Möglicherweise hatten einige auch Angst, das Falsche zu sagen. Wieder andere fühlten sich vielleicht unter Druck, einen Sinn in unserer Prüfung zu sehen, den geistlichen Grund dafür ergründen zu müssen und zogen sich zurück, weil sie darauf keine Antwort fanden. Heute kann ich das alles nachvollziehen, doch damals tat es einfach nur weh.

Und das spürte Hannah. Ihr intuitives Wahrnehmen meiner Gefühle war verblüffend. Hannah kam immer wieder zu mir und stupste mich sanft an, so als ob sie sagen wollte: „Hier bin ich." Wenn sie dann ihre großen braunen Augen auf mich richtete, schien ihr Blick zu sagen: „Ich weiß nicht, wie ich dir helfen soll, aber ich würde es so gern tun."

Dass sie da war, war unglaublich tröstend.

Insofern hatte sie recht: *Einfach da zu sein* war alles, was ich brauchte. Und das wäre auch alles gewesen, was wir von Freunden und Glaubensgeschwistern gebraucht hätten, während Joni krank war – ihre fürsorgende Anwesenheit.

Die theologische Frage, warum schlimme Dinge passieren, konnte warten. Auch der Vers *„Wer Gott liebt, dem dient alles, was geschieht, zum Guten"* (Römer 8,28) konnte erforscht werden, wenn die Zeit dafür Raum geben würde. Prüfungen müssen nicht direkt erklärt oder „vergeistlicht" werden. In einer Zeit wie dieser geht es vielmehr darum, den Weg gemeinsam mit einem betroffenen Freund oder Familienmitglied zu gehen – mit Gnade und in Liebe. So einfach ist das und zugleich unglaublich wirksam.

Erinnern Sie sich, wie ich in der Einleitung auf Hiob und sein Leiden einging? Anfangs zeigten sich Hiobs Freunde sehr einfühlsam. Sie saßen einfach da und trauerten mit Hiob. Bestimmt war es tröstlich für Hiob, dass sie für ihn da waren. Doch dann beschlossen seine Freunde, ihm ihre Meinung zu sagen. Sie wandten sich einer vertrauten Methode zu, die darauf abzielte herauszufinden, welche Ursachen Hiobs Leid zugrunde lagen. Sie versuchten zu erklären, was sie nicht begriffen.

Während Jonis Krebserkrankung hatten wir einige solcher „Hiob-Freunde" um uns. Doch Gott sorgte auch für Menschen, die liebevoll an unserer Seite standen, und wir dankten ihm für sie. Menschen, die uns einfach liebten, statt darüber nachzudenken, warum andere nicht da waren. Und das wurde geistlich gesehen für uns zu einem Wendepunkt.

Hannah hatte natürlich keine Ahnung, was der Grund dafür war, warum wir traurig waren. Sie verstand Jonis Krankheit genauso wenig wie später ihre eigene Diagnose. Doch sie spürte unseren Gemütszustand und war für uns da.

Jonis Therapie umfasste eine Operation sowie ein Jahr Chemotherapie, gefolgt von wochenlangen Bestrahlungen. Wir machten Witze über die wöchentlichen Wellnesstermine „mit dem langsamen Tropf", doch die Nachwirkungen dieser Sitzungen waren alles andere als lustig. Joni kämpfte gegen Übelkeit, und ihre weiter abnehmenden Leukozyten-Werte waren so gefährlich niedrig, dass dies ihre Regeneration stark beeinträchtigte.

Eines Tages ging Joni nach der Chemotherapie direkt ins Schlafzimmer und kroch völlig erschöpft ins Bett in der Hoffnung, die

Übelkeit auszuschlafen. Ich blieb auf dem Sofa im Wohnzimmer sitzen und starrte vor mich hin. Ich versuchte nachzuvollziehen, was Joni durchmachte.

Hannah spürte meine Traurigkeit, wusste jedoch nicht, was sie tun sollte. Sie schaute mich an, kam zu mir, nahm unterwegs einen Tennisball ins Maul und brachte ihn mir. Ich konnte eine Spur Unsicherheit in ihren Augen erkennen. Ich stellte mir eine Denkblase über ihrem Kopf vor, in der geschrieben stand: „Würde dir dies helfen, weniger traurig zu sein?“

Ich warf den Ball, doch sie spielte nicht mit der üblichen leidenschaftlichen Begeisterung. Sie fing den Ball, apportierte ihn ruhig zurück und ließ ihn sanft in meinen Schoß fallen. Es sah so aus, als ob sie etwas für mich tat und nicht umgekehrt – und sie schenkte mir damit einige Augenblicke des Abstands von meinen Ängsten. Ich kann mich an keine andere Situation erinnern, in der sie auf diese Weise gespielt hätte.

Eine vom *Goldsmiths College* in London durchgeführte Studie kam zu dem Ergebnis, dass Tiere mehr auf unsere Emotionen eingehen als irgendeine andere Spezies, einschließlich Menschen. Nach dieser Studie von Dr. Deborah Custance und Jennifer Mayer nähern sich Hunde sogar Fremden, um sie zu trösten, ohne mit einer Belohnung zu rechnen. (Das unterscheidet sie deutlich von uns Menschen.) Die Forscher führten folgendes Experiment durch:

Achtzehn Hunde unterschiedlichen Alters und verschiedener Rasse wurden einzeln vier Situationen von je 20 Sekunden Dauer ausgesetzt, in denen entweder der Hundebesitzer oder eine unbekannte Person vorgab zu weinen, auf seltsame Weise zu summen oder eine gewöhnliche Unterhaltung zu führen. Alle Hunde zeigten dabei Verhaltensweisen der Empathie. Einige Hunde reagierten auf die weinende Person, indem sie diese anschauten, sich ihr näherten und sie berührten, während andere ausschließlich auf die summende Person reagierten. Keiner der Hunde reagierte allerdings auf die ganz normal redende Person.

Das Summen war Teil der Versuchsanordnung, weil es ein ungewöhnlicher Laut ist, der die Neugier der Hunde hätte wecken können. Doch interessanterweise reagierten die Hunde am stärksten auf die weinende Person, egal ob es der Hundebesitzer oder eine fremde Person war.

Jennifer Mayer fasste das überraschende Ergebnis folgendermaßen zusammen:

„Wäre die Reaktion der Hunde gegenüber der weinenden fremden Person von dem Wunsch nach Belohnung motiviert gewesen, hätten sie sich der üblichen Quelle der Belohnung, nämlich ihrem Besitzer, zugewandt. Doch eine solche Präferenz ließ sich nicht feststellen. Die Hunde näherten sich der weinenden Person ungeachtet ihrer Identität. Sie reagierten also auf die Emotionen der Person, nicht aufgrund ihrer eigenen Bedürfnisse, was letztlich auf ein empathisches, trostspendendes Verhalten schließen lässt.“[1]

Die Forscher kamen zu dem Schluss, dass wohl die jahrhundertelange Zucht von Hunden diese Art der Reaktion hervorgerufen hat. Das klingt plausibel, doch ich halte es lieber mit Martin Luthers Gedanken zu diesem Thema:

„Der Hund ist das treueste aller Tiere und würde hochgeschätzt werden, wenn er nicht so gewöhnlich wäre. Unser Herrgott hat uns seine größten Geschenke im Gewöhnlichen gemacht.“

Ich glaube, Gott hat uns mit diesen wunderbaren Wesen ein anschauliches Beispiel für seine Gnade gegeben, die auch stets in Bewegung ist und voller Leben steckt. Und Hannahs Instinkt für Kummer dient mir als Vorbild für meine Beziehung zu Gott. Denn es gibt immer wieder Zeiten, in denen mich meine Probleme oder Ängste dahin bringen, mich unbeholfen zu fühlen und mich von Gott zu distanzieren. Ich weiß dann nicht, was ich sagen soll, oder ich bin verunsichert, ob Gott mit meinem schwachen Glauben überhaupt konfrontiert werden will. In dieser Situation neige ich dazu, einfach tapfer weiterzumachen, so als ob alles in Ordnung wäre. Doch in Wirklichkeit schreit mein Herz.

Gott hat uns mit diesen wunderbaren Wesen ein anschauliches Beispiel für seine Gnade gegeben.

Letzten Endes verhält es sich so: Gott tröstet einen, wenn man den Mund aufmacht; wenn aber die Seele schreit, dann kommt er zu uns angerannt. Ich glaube, das ist das Ergebnis dessen, was der Apostel Paulus im Römerbrief, Kapitel 8 beschreibt, wo er uns versichert, dass der Heilige Geist für uns eintritt, wenn wir keine Worte finden:

> *„Dabei hilft uns der Geist Gottes in all unseren Schwächen und Nöten. Wissen wir doch nicht einmal, wie wir beten sollen, damit es Gott gefällt! Deshalb tritt Gottes Geist für uns ein, er bittet für uns mit einem Seufzen, wie es sich nicht in Worte fassen lässt. Und Gott, der unsere Herzen durch und durch kennt, weiß, was der Geist für uns betet. Denn im Gebet vertritt der Geist die Menschen, die zu Gott gehören, so wie Gott es möchte“ (Römer 8,26–27).*

Der Heilige Geist erforscht unser Herz und übersetzt gewissermaßen unseren Schmerz dem Vater. Gott sehnt sich danach, dass wir einfach in seiner Nähe sind. Und dafür brauchen wir keine redegewandten Psalmen zu beten. Wir legen einfach unseren Kopf in seinen Schoß und sagen: „Hier bin ich."

Und wissen Sie, ist es nicht interessant, dass ausgerechnet nach diesen Worten von der Abhängigkeit des Heiligen Geistes der oft zitierte Satz *„Wer Gott liebt, dem dient alles, was geschieht, zum Guten"* geschrieben steht?

Häufig isolieren wir diese Worte allerdings aus ihrem Kontext und werfen sie denen, die leiden, als „Trost" vor die Füße. Paulus stellt aber heraus, dass Gott in all unseren leidvollen Prüfungen, die wir durchmachen müssen, bei uns ist und nicht nur bei einem besonderen Ereignis. Jede einzelne davon wird letztendlich zum Guten dienen.

Das höhere Ziel unserer Prüfungen liegt nicht darin, dass sich die Dinge nach unseren Wünschen richten. In Römer 8,29 heißt es vielmehr: *„Wen Gott nämlich auserwählt hat, der ist nach seinem Willen auch dazu bestimmt, seinem Sohn ähnlich zu werden, damit dieser der Erste ist unter vielen Brüdern und Schwestern."*

Gott hat die Gläubigen dazu bestimmt, seinem Sohn ähnlich zu werden. Das kann bedeuten, dass sich ein bestimmtes Geschehen in unserem Leben zum Guten wendet – oder eben nicht.

Wie oft schon haben wir jemanden mit unserer oberflächlichen „Vergeistlichung" noch mehr verletzt, als der- oder diejenige einfach nur einen Freund beziehungsweise eine Freundin brauchte?

Es ist ungemein wertvoll, einem Freund oder einem geliebten Menschen, der sich in einer herausfordernden Lebenssituation befindet, ungeteilte Anwesenheit zu schenken. Vielleicht muss man das sogar neu lernen, aber es lohnt sich. Der niederländische Priester und Schriftsteller Henri Nouwen hat dieses Herz der Freundschaft einmal treffend beschrieben:

„Wenn wir uns aufrichtig fragen, welche Menschen uns in unserem Leben am meisten bedeuten, dann erkennen wir, dass es nicht so sehr diejenigen sind, die uns Ratschläge, Lösungen oder Kuren empfohlen haben, sondern eher diejenigen, die sich dafür entschieden haben, unseren Schmerz zu teilen und unsere Wunden mit sanfter, liebevoller Hand zu berühren. Der Freund, der in einem Moment der Verzweiflung oder Verwirrung still neben uns sitzen kann, der in der Stunde der Trauer und des Verlustes an unserer Seite ist, der unser Nicht-Wissen, Nicht-Heilen, Nicht-Lösen aushalten kann und mit uns gemeinsam der Realität unserer Hilflosigkeit begegnen kann, das ist der Freund, der sich wirklich kümmert."[2]

Nähe beginnt damit, einfach da zu sein. Eine Lektion, die mir meine Freundin Hannah erteilt hat. Sie gab mir ein tolles Beispiel dafür, was es bedeutet, wirklich da zu sein, wenn ein Freund Kummer hat; nämlich einfach nur da zu sein. Nicht alles zu wissen. Nicht ungeschickt nach Worten zu suchen. Einfach da zu sein.

Als ich gestern Abend spät ins Bett ging, stand Hannah von ihrem behaglichen Kissen auf und folgte mir. Vielleicht wollte sie in meiner Nähe sein. Oder sie spürte mein Bedürfnis, ihre Ohren zu kraulen. Ich vermute, die Wahrheit ist, dass wir beide Bedürfnisse haben, die durch einfache Gesten der Anwesenheit und Zuneigung befriedigt werden. So geht es letztlich jedem, wenn wir unsere eigenen Ängste und unsere Ichbezogenheit fallen lassen und angesichts des Kummers eines Freundes Nähe schaffen. Sie ist für alle Beteiligten wohltuend.

Wir jedenfalls lernten während Jonis schwerer Krebserkrankung, dass der Friede Gottes, „der allen Verstand übersteigt", eine Realität ist. Wir erlebten ihn spürbar und überstanden ein sehr hartes Jahr, indem wir uns aufeinander, auf großartige Ärzte, gute Freunde, Gottes Gnade und jede Menge von Hannahs Streicheleinheiten stützten.

4
Im Hier und Jetzt leben

„Wir besitzen einen Hund nie so sehr,
wie er uns besitzt.“
– Gene Hill –

„Man kann nie wissen, wann uns das Leben plötzlich überrumpelt. Täglich geht man einer gewissen Routine nach; man rechnet damit, dass die Ampel grün wird und dass der Himmel blau ist. Jesus weiß, dass wir ihm nicht ähnlicher werden, wenn alles nur glattläuft. Ich lebe schon lange genug, um diese Wahrheit zu kennen. Doch ich denke noch immer, es wäre schön, zumindest manchmal eine kleine Vorwarnung zu bekommen."

Meine wertvollste Lektion lernte ich von Hannah mitten in einer unserer traurigsten gemeinsamen Wochen. Es war im Frühjahr 2011. Ich kehrte gerade von einem langen Nachtflug zurück und wankte müde durch die Hintertür ins Haus, als ich erkannte, dass mit Hannah irgendetwas nicht stimmte. Normalerweise begrüßte sie mich immer mit einem wilden, ausgelassenen, um sich selbst drehenden Tanz und heftigem Schwanzwedeln. Doch dieses Mal war ihre Begrüßung verhalten, ihr Gang war langsam und ihre treuen Augen sahen matt aus.

Joni und ich wussten sofort, dass mit Hannah etwas gesundheitlich nicht in Ordnung war. Joni fragte sich, ob vielleicht der Kauknochen, den Hannah am Tag verzehrt hatte, eine Verstopfung herbeigeführt haben könnte. „Vielleicht hat sie aber auch draußen etwas gefressen", sagte ich noch hoffnungsvoll, während wir beide aber bereits befürchteten, dass etwas Ernsteres dahintersteckte. Zwar schien es ihr im Laufe des nächsten Morgens ein wenig besser zu gehen, doch wir machten trotzdem einen Termin bei unserer Tierärztin aus, um ganz sicherzugehen.

Die Diagnose, die wir an diesem Freitagnachmittag, dem 6. Mai, erhielten, war schlimmer als erwartet. An der Milz gab es eine Wucherung, einen Tumor, und Flüssigkeit in Hannahs Magen waren Anzeichen für eine düstere Prognose. Am Montagmorgen fuhren wir zu einem Spezialisten, der die Diagnose unserer Tierärztin bestätigte: Hannah hatte einen Milztumor, der in Anbetracht ihres Alters wahrscheinlich bösartig war. Dr. Carmen Wooley klärte uns anschließend über die traurigen Möglichkeiten auf, mit denen wir uns nun auseinandersetzen mussten.

Ohne einen chirurgischen Eingriff würde der Tumor reißen und bluten und Hannah würde innerhalb weniger Tage sterben. Mit einer Operation wäre ihre Zukunft nach wie vor unsicher, vor allem wenn der Tumor tatsächlich bösartig war. Hannah würde dann wohl noch einige Wochen überleben. Eine Garantie dafür gab es aber nicht – nur dass die Operation sehr teuer werden würde.

Eine kürzlich erhaltene Steuerrückzahlung hatte uns in die komfortable Lage versetzt, nach Herzenslust Geld für lang gehegte Wünsche auszugeben. Joni hatte bereits eine Liste mit Dingen angefertigt, die allerdings zusammengenommen den Betrag der Erstattung übersteigen würden, also hatte sie versucht, Prioritäten festzulegen. An jenem Abend diskutierten wir über die neue Situation. Wir konnten versuchen, unserer Hündin das Sterben so leicht wie möglich zu machen, oder aber den Geldbetrag dafür nutzen, um sie operieren zu lassen und ihr eine Chance zum Kämpfen zu geben.

Zwei Tage später holte ich Hannah nach einer erfolgreichen und vielversprechenden Operation aus dem Tierambulatorium ab. So viel zu den neuen Möbeln, der Renovierung der Wände oder der Gartenneugestaltung. Stattdessen bekamen wir unseren Hund mit einer langen Narbe am Bauch und der Hoffnung auf etwas mehr Zeit zum Abschiednehmen zurück.

Selbst nach dem Eingriff klang Hannahs Diagnose weiterhin düster: „Hämangiosarkom der Milz“, ein Tumor mit breiter Streuung in die lebenswichtigen Organe. Die Prognose war wenig aussichtsreich. Ohne eine Chemotherapie würde Hannah nur noch neunzehn bis höchstens sechzig Tage leben, teilte uns die Ärztin mit. Sechs Monate wären sogar ein Wunder.

> Hunde haben keine Angst vor dem Tod; sie leben im Hier und Jetzt.

Dr. Wooley zeigte großes Mitgefühl, als Tränen in meine Augen stiegen und meine Wangen hinabkullerten. Die Augen der Ärztin waren von Trauer umflort, während sie eine der schwersten Pflichten ihres Jobs erfüllte. Sie reichte mir ein Taschentuch, legte mir die Hand auf den Arm und schwieg. Ich stand noch immer unter Schock, weil alles einfach so schnell gegangen war, und so nahm ich ihre Worte erst später wirklich wahr.

„Hannah weiß nicht, dass sie krank ist. Hunde haben keine Angst vor dem Tod; sie leben im Hier und Jetzt. Genießen Sie jeden Moment mit ihr.“

In den nächsten Tagen dachte ich immer wieder an ihre Worte.

Hannah lebte tatsächlich im Hier und Jetzt.

Sie bekam nun alle möglichen Leckerlis, sie durfte während unserer Spaziergänge länger an einer Stelle schnüffeln als sonst, und der Tennisball wurde ein- oder zweimal extra in den Pool geworfen, bevor wir ins Haus gingen.

Wir freuten uns darüber, wie gut es Hannah Woche für Woche ging. Manchmal fragten wir uns, ob die Diagnose kein Irrtum war. Wir mussten uns immer wieder erinnern, dass sie todkrank war.

Tiere haben keine Angst vor dem Tod; sie leben im Augenblick. Ist das nicht die Art und Weise, wie auch Nachfolger von Jesus täglich leben sollten? Ich muss zugeben: Ich war seit mehr als dreißig Jahren Christ und hatte diese prägnante Lebensphilosophie nicht begriffen. Ich glaube, das liegt daran, weil der Widersacher will, dass wir mit Reue über die Vergangenheit und Furcht vor der Zukunft leben und so daran gehindert werden, das gegenwärtige Leben mit Gott und mit unseren Lieben zu genießen.

Ich begann von da an neu zu lernen, dass wahre Zufriedenheit im Leben als Christ dadurch entsteht, Jesus Tag für Tag zu vertrauen.

Es bringt nichts, die Vergangenheit zu bedauern. Sie ist vergangen und vergeben. Und es bringt nichts in Angst vor der Zukunft zu leben. Sie liegt in Gottes Händen. Nur ohne Reue und Furcht sind wir wirklich frei, im Hier und Jetzt zu leben. Oder wie der irische Schriftsteller C. S. Lewis es einmal ausdrückte: „Wo, außer in der Gegenwart, können wir mit dem Ewigen in Berührung kommen?“[1] – Jesus verkündete genau dies im Matthäusevangelium:

> *„Darum sage ich euch: Macht euch keine Sorgen um euren Lebensunterhalt, um Nahrung und Kleidung! Bedeutet das Leben nicht mehr als Essen und Trinken, und ist der Mensch nicht wichtiger als seine Kleidung? Seht euch die Vögel an! Sie säen nichts, sie ernten nichts und sammeln auch keine Vorräte. Euer Vater im Himmel versorgt sie. Meint ihr nicht, dass ihr ihm viel wichtiger seid? Und wenn ihr euch noch so viel sorgt, könnt ihr doch euer Leben um keinen Augenblick verlängern“ (Matthäus 6,25–27).*

Es stimmte: Mir Sorgen zu machen, würde weder mein eigenes noch Hannahs Leben verlängern. Und dank einer freundlichen und klugen Tierärztin erlebte ich geradezu eine Erleuchtung für mein geistliches Leben. Auf einmal wurde mir völlig neu bewusst, was Jesus eigentlich meinte, als er seine Nachfolger damals (und mit einem Mal auch mich) lehrte:

> *„Macht euch also keine Sorgen und fragt nicht: Werden wir genug zu essen haben? Und was werden wir trinken? Was sollen wir anziehen? Nur Menschen, die Gott nicht kennen, lassen sich von solchen Dingen bestimmen. Euer Vater im Himmel weiß doch genau, dass ihr dies alles braucht. Setzt euch zuerst für Gottes Reich ein und dafür, dass sein Wille geschieht. Dann wird er euch mit allem anderen versorgen. Deshalb sorgt euch nicht um morgen – der nächste Tag wird für sich selber sorgen! Es ist doch genug, wenn jeder Tag seine eigenen Schwierigkeiten mit sich bringt" (Matthäus 6,31–34).*

Lebe im Hier und Jetzt, trachte nach dem Reich Gottes und alles andere wird für sich selbst sorgen!

So sollte denn auch der Plan aussehen, den ich für den voraussichtlich letzten Sommer mit Hannah beherzigen wollte:

Lebe im Hier und Jetzt, trachte nach dem Reich Gottes und alles andere wird für sich selbst sorgen!

Ich muss gestehen, es ist ein wenig beschämend, dass ich mehrere Jahrzehnte und einen kranken Hund dafür brauchte, um dieses Lebenskonzept als Christ zu verstehen. Doch ich bete, dass ich für den Rest meines Lebens daran festhalten werde – im Hier und Jetzt zu leben.

Hannah veranschaulichte mir dieses einfache, lebensverändernde Prinzip immer wieder neu. Heute schlief sie beispielsweise tief und fest, als ich versehentlich auf einen Tennisball neben ihrem Kissen trat. Sie stand sofort auf, erblickte den rollenden Ball, sprang hoch und forderte mich auf, mit ihr zu spielen. Was für ein Beispiel für Spontaneität und Freude! Völlig frei zu sein für den Augenblick. Vielleicht war sie müde und hatte Schmerzen, doch ihr bot sich unerwartet die Gelegenheit, mit ihrem Herrchen zu spielen. Die Botschaft, die aus ihren Augen und ihrer Körpersprache abzulesen war, lautete: „Lass uns loslegen!"

In diesem Moment beschloss ich, Hannahs letzten Lebensabschnitt, den wir nun gemeinsam begonnen hatten, voll und ganz zu erleben und jeden einzelnen Moment mit ihr auszukosten.

Los, meine treue Gefährtin!

Auf geht's!

ALL DOGS MUST
BE KEPT ON
A LEASH
ORD. 5544

5
Nicht angeleint

„Nichts anderes als die Liebe hat den Hund
dazu bewogen, seine wilde Freiheit aufzugeben und
sich dem Menschen unterzuordnen.“

– D. H. Lawrence –

„Hannah liebt den Spaziergang am Morgen. Wenn sie sieht, wie ich meine Wanderschuhe anziehe, wird sie schon aus lauter Vorfreude ganz unruhig. Sollten die städtischen Versorgungswerke noch nach einer weiteren natürlichen Energiequelle suchen, sollten sie sich das Schwanzwedeln von Labrador Retrievern zunutze machen. Denn ich glaube, Hannah könnte gut ein kleines Haus mit Energie versorgen, wenn ihr Schwanz vor Aufregung zu wedeln beginnt. Ich mag den Morgenspaziergang ebenfalls. Für mich ist es eine wohltuende Zeit um nachzudenken, zu beten, gute Musik zu hören und Gottes Gegenwart zu genießen.
Die Spaziergänge verlaufen für Hannah jeden Tag mehr oder weniger gleich. Sie schnüffelt nach neuen Botschaften, die andere Fellfreunde hinterlassen haben. Hier und da hinterlässt sie eine Antwort. Und sie freut sich jedes Mal, wenn wir einem anderen Menschen, Hund oder sonstigem Lebewesen begegnen. Hannah liebt einfach das Leben."

Als ich an jenem Morgen die Leine an Hannahs Halsband festmachte, war ihre Begeisterung nicht zu übersehen. Ihre Vorfreude wurde durch die Leine nicht gebremst; sie fand trotz dieser Einschränkung unterwegs reichlich Spaß.

Als wir dann den Park erreichten, war keine Menschenseele dort. Wie üblich kamen wir an dem Schild vorbei, das Hundebesitzer streng davor warnt, ihren Hund frei laufen zu lassen. Heute aber wollte ich mich für einen kurzen Moment nicht an diesen Hinweis halten.

Wir gingen in ein kleines Waldstück, das an der hinteren Seite des Parks liegt, wo ich mich wohlfühlte, Hannah von der Leine zu lassen. Und diese Freiheit gab Hannah einen ordentlichen Kick. Sie rannte vor mir her, drehte sich im Kreis und sprintete zurück. Dann erblickte sie ein Eichhörnchen, nur ein paar Meter entfernt, und blieb instinktiv stehen. Ihr Körper war ganz angespannt, sie duckte und pirschte sich mit einem langsamen, aber entschlossenen Schritt an ihre Beute heran – bis sie kraftvoll lospeste, mit flatternden Ohren im Wind.

Das Eichhörnchen rannte einen Baumstamm hinauf und Hannah blieb stehen, sah hinauf, drehte sich um und kam mit einem Ausdruck ausgesprochener Genugtuung auf mich zugetrottet. Ihr Grinsen reichte von einem Ohr zum anderen. Hannah war ohne Leine voller Leben. Ihre Freiheit gab ihr Freude und Energie. Die Eichhörnchen waren davon weniger begeistert.

Als wir in den vorderen Teil des Parks zurückgingen, rief ich Hannah und leinte sie wieder an. Noch immer strahlte sie vor Glück, doch dann, als die Leine ihre Freiheit wieder einschränkte, wurde sie ruhiger.

Hannahs fröhlicher Streifzug in die Freiheit brachte mich zum Nachdenken über mein Leben mit Jesus. Und ich stellte fest: Ich war in einer Kirche zum Glauben an Jesus gekommen, die mich in meinem Leben als Christ an eine gesetzliche Leine legte. Die Gemeindeleiter erinnerten mich an die „Ritter vom Nie“ aus dem Film „Monty Python – die Ritter der Kokosnuss“. Nur dass es keine Ritter waren, die ständig „Nie“ sagten, sondern Gemeindeverantwortliche. Insofern gab es viele Dinge, die verboten waren – zum Beispiel diese hier:

Keine Kinofilme.

Kein Alkohol.

Keine Sauna.

Kein Fernsehen.

Keine Kartenspiele.

Keine Rock and Roll-Musik.

Keine Zigaretten.

Keine Hosen für Frauen.

Keine langen Haare für Männer.

Ich denke, nun verstehen Sie, warum ich persönlich so lange brauchte, um die Gnade und die Freiheit zu verstehen, die man als Christ durch Christus empfängt. Paradoxerweise gibt es im Neuen Testament ein paar „Nie“- bzw. „Keine“-Aussagen, die von unseren Moralisten übersehen wurden. Allein der folgende kleine Vers wäre ihnen wohl sehr nützlich gewesen:

> *„So gibt es nun keine Verdammnis für die, die in Christus Jesus sind. Denn das Gesetz des Geistes, der lebendig macht in Christus Jesus, hat dich frei gemacht von dem Gesetz der Sünde und des Todes“ (Römer 8,1–2, LU).*

Diesen Satz ins Leben zu bringen, wäre wie ein erfrischender Sprühregen der Gnade für unsere ausgetrocknete Gemeinde gewesen. Oder sehen wir uns die folgenden Verse an:

> *„Darin ist die Liebe bei uns vollendet, auf dass wir die Freiheit haben, zu reden am Tag des Gerichts; denn wie er ist, so sind auch wir in dieser Welt. Furcht ist nicht in der Liebe, sondern die*

vollkommene Liebe treibt die Furcht aus. Denn die Furcht rechnet mit Strafe; wer sich aber fürchtet, der ist nicht vollkommen in der Liebe. Lasst uns lieben, denn er hat uns zuerst geliebt" (1. Johannes 4,17–19, LU).

„Ihr sollt Gott von ganzem Herzen lieben, mit ganzer Hingabe, mit eurem ganzen Verstand und mit all eurer Kraft. Ebenso wichtig ist das andere Gebot: Liebe deinen Mitmenschen wie dich selbst. Kein anderes Gebot ist wichtiger als diese beiden" (Markus 12,30–31).

„Liebe ist geduldig und freundlich. Sie ist nicht verbissen, sie prahlt nicht und schaut nicht auf andere herab. Liebe verletzt nicht den Anstand und sucht nicht den eigenen Vorteil, sie lässt sich nicht reizen und ist nicht nachtragend. Sie freut sich nicht am Unrecht, sondern freut sich, wenn die Wahrheit siegt" (1. Korinther 13,4–6).

„Darum lebe nicht mehr ich, sondern Christus lebt in mir! Mein vergängliches Leben auf dieser Erde lebe ich im Glauben an Jesus Christus, den Sohn Gottes, der mich geliebt und sein Leben für mich gegeben hat. Ich lehne dieses unverdiente Geschenk Gottes nicht ab – ganz im Gegensatz zu den Christen, die sich noch an die Forderungen des Gesetzes halten wollen. Könnten wir nämlich durch das Befolgen des Gesetzes von Gott angenommen werden, dann hätte Christus nicht zu sterben brauchen" (Galater 2,20–21).

Keine Verdammnis.
Keine Furcht.
Kein Gebot ist größer als die Liebe zu Gott und zum Nächsten.
Kein Nachtragen, wenn wir einander lieben.
Nicht mehr ich lebe, sondern Christus lebt in mir.
Das ist eine vollkommen andere Liste als die erste.

Hannahs Auslauf ohne Leine erinnerte mich, wie es ist, befreit von der Last des Heils, das auf Leistung basiert, zu leben. Und das beschwingte meinen Geist, denn ich erkannte in dieser Freiheit der Gnade, wer ich für Gott bin. Denn wenn ich für mich selbst begreife, dass ich „nicht angeleint" und befreit unterwegs sein darf, dann verstehe ich, wer Gott wirklich ist und vertraue ihm.

Natürlich könnte ich an der Leine des Moralismus leben und ganz gut zurechtkommen – so wie Hannah. Schließlich habe ich das jahrzehntelang getan, und die meisten Menschen hätten meine inneren Zwänge gar nicht bemerkt. Ich genoss ja schließlich meine Reise mit Gott genauso wie Hannah den Teil des Spaziergangs, den sie an der Leine zurücklegte. Aber warum sollte ich nur teilweise Freiheit annehmen, wenn Gott mir vollkommene Freiheit schenkt?

Wenn Sie etwas daran hindert, ganz und gar in Freiheit zu leben, dann legen Sie diese Leine ab. Vertrauen Sie fest darauf, dass es keine Verdammnis für die gibt, die zu Christus gehören! Geben Sie sich nicht mit einer selbstauferlegten Leine der Leistung zufrieden. Hannah würde Ihnen sicherlich sagen, wenn Sie sprechen könnte, dass Sie wahren Segen erleben, wenn Sie anfangen, befreit durchs Leben zu laufen.

Gottes Gnade hakt die Leine los und erlaubt Ihnen, ungehindert zu rennen und ihn anzubeten. Gott liebt es, Sie dabei zu beobachten, wie Sie die Freiheit in Christus überschwänglich genießen. Und er freut sich, wenn Sie sich umdrehen und mit unverhohlener Zufriedenheit in Richtung Himmel lächeln.

Genießen Sie das von Gnade erfüllte Tollen und Toben in Freiheit so wie Hannah es tat. Gehen Sie (oder rennen Sie mit wehenden Ohren) zu Jesus. Nähern Sie sich ihm vertrauensvoll, nicht aus Angst und Scham, denn eine solche Beziehung ermöglicht es Ihnen, Ihre selbst auferlegte Last aufzugeben und Jesus die Führung zu überlassen. Danke, Hannah, dass du mir dabei geholfen hast, das zu begreifen.

6
Gute Freunde

„Man muss schon ein echter Fiesling sein,
um von einem Hund abgelehnt zu werden."

– Joe Garagiola –

„Joni und ich fahren für ein paar Tage weg. Nur schweren Herzens lassen wir Hannah zurück, denn wir wissen nicht, wann der Krebs seine hässliche Fratze vollends zeigen wird. Aber es tröstet uns, sie während unserer Abwesenheit in der liebevollen Fürsorge unseres Sohnes Scott und seiner Frau Caroline zu wissen. Schließlich waren sie es ja, die Hannah vor etwa zehn Jahren auf so wundervolle Weise in unser Leben brachten. Und es tröstet uns auch zu wissen, dass Hannah mit ihrer besten Freundin Sadie zusammen sein wird. Nichts kann Verlustangst so mildern wie gute Freunde, die um einen sind."

Sadie – allein wenn wir den Namen Hannahs bester Freundin laut erwähnen, versetzt dieser Hannah in helle Aufregung. Von dem Moment an, wenn wir uns ins Auto setzen und zu Sadies Haus fahren (zumindest glaubt Sadie, es wäre ihr Haus), lässt sich an Hannah deutlich zunehmende Begeisterung erkennen. Ihr Spürsinn braucht kein Navigationssystem für diese vertraute Strecke. Jedes Mal, wenn wir uns Sadies Zuhause nähern, stellen sich ihre Ohren auf und sie fängt an, mit dem Schwanz zu wedeln.

Vor Ort stürzt Hannah gleich aus unserem Auto und läuft direkt auf die Vordertür zu, ohne ihre üblichen schnüffelnden Entdeckungen zu machen. Sie springt vor lauter Freude auf und nieder, denn sie weiß, ihre Freundin befindet sich gleich hinter der Tür. Geht diese auf, ist die Begrüßung recht einfach: kein ausgiebiges Schnüffeln oder Posieren – die Körpersprache der beiden ist entspannt. Es sind halt zwei alte Freundinnen.

Wie selbstverständlich Hannah und Sadie miteinander umgehen, ist ein Merkmal tiefer Freundschaft. Echte Freunde gehen stets miteinander so um, als hätten sie sich gerade erst gesehen. Egal, ob Stunden, Tage oder Jahre dazwischenliegen, wenn sich echte Freunde wiedersehen, fühlt man sich beim anderen sofort sicher und wohl, denn die Verbindung ist sofort da.

So ging es mir auch mit meinem Kollegen und Freund Rick, als wir uns nach vielen Jahren zum ersten Mal wiedersahen. Wir umarmten uns, setzten uns, bestellten Kaffee und kamen sofort ins Gespräch. Es war so, als hätten wir einfach die Play-Taste gedrückt nach zehn Jahren Pause. Wir nahmen unsere Freundschaft an dem Punkt wieder auf, wo sie zuletzt vor unserer räumlichen Trennung gestanden hatte.

Seitdem die sozialen Medien in unser Leben Einzug gehalten haben, wird meines Erachtens durch sie der Unterscheid zwischen Freunden und Freundschaften viel stärker hervorgehoben. Ich habe auf meinem Profil Hunderte sogenannter Facebook-„Freunde", die mit einem Klick „Freund" geworden sind. Es ist heutzutage unfassbar leicht, „Freunde" zu haben, die wissen, was man mag, welche Musik man hört und welche Bücher man liest. Aber es kostet viel Zeit und Arbeit und einiges an Risiko, mit Menschen Freundschaften zu pflegen, die uns kennen und wissen, wie wir wirklich sind, wenn die Fassade bröckelt.

> Echte Freunde sind ein Schatz, den wir auf unserer Prioritätenliste viel zu weit unten ansetzen.

Echte Freunde sind ein Schatz, den wir auf unserer Prioritätenliste viel zu weit unten ansetzen. Viele von uns messen dem Aufbau echter Freundschaften zu wenig Bedeutung bei. Mal ganz ehrlich: Wenn Sie in einer Krise stecken, hätten Sie dann lieber mehr Gehalt oder einen Freund, auf den Sie sich verlassen können? Und wenn Sie sorgenvollen Kummer haben, würden Sie dann lieber eine schulterklopfende Auszeichnung bekommen oder einen Freund an ihrer Seite haben?

In unserem Leben haben wir nur eine Handvoll echter Freunde. Menschen, denen wir alles sagen können, ohne abgelehnt zu werden, und die alles stehen und liegen lassen, wenn wir sie brauchen.

Joni und ich haben viele Freunde, und das ist wirklich ein Segen. Doch unsere Liste „echter" Freunde ist eher klein. Solche Beziehungen brauchen Zeit und Engagement. Ich glaube, man muss eine Vielzahl an Erfahrungen miteinander geteilt haben, um dieses Niveau der Freundschaft zu erreichen. Denn einen anderen Menschen kennt man erst dann so wirklich richtig, wenn man Schwierigkeiten mit ihm durchgemacht hat. Und die kann man weder planen noch erzwingen. Zwar verkleinerte sich während Jonis Krebserkrankung unser „Freunde-Rudel" ein wenig, als wir lernten, wer für uns da war und wer nicht, doch Gott brachte auch andere Menschen in unser Leben, die bereit waren, echte Freunde zu sein.

Es tut unglaublich gut, jemanden an seiner Seite zu haben, bei dem man die Maske komplett abnehmen kann. Viele haben aber trotzdem insgeheim Angst. Angst, dass ihre Freunde sie empört fallen lassen könnten, wenn sie alles über sie wüssten. Vielleicht ist das nur eine weitere Lüge des Feindes.

Wie wäre es, wenn wir Freundschaften schmieden könnten, die von Vertrauen und Gnade geprägt sind und in denen genau das Gegenteil geschieht? Wie wäre es, wenn unsere Freunde uns noch mehr lieben würden, wenn sie die ganze Wahrheit über uns erführen? Wenn wir einigen wenigen vertrauen würden, mit denen wir ganz ehrlich umgehen?

Ich weiß, dass sich nun einige von Ihnen ausklinken, weil Sie von jemandem verletzt wurden, der Ihr Vertrauen nicht verdiente. Lesen Sie trotzdem weiter. Ehrliche und aufrichtige Freundschaften sind möglich.

Gott hat unser Leben so geschaffen, dass wir es in Gemeinschaft verbringen sollen. Nichts anderes beschreibt die frühe Gemeinde:

> *„Alle, die zum Glauben an Jesus gefunden hatten, ließen sich regelmäßig von den Aposteln unterweisen und lebten in enger Gemeinschaft. Sie feierten das Abendmahl und beteten miteinander. Eine tiefe Ehrfurcht vor Gott erfüllte alle Menschen in Jerusalem, und er wirkte durch die Apostel viele Zeichen und Wunder. Die Gläubigen lebten wie in einer großen Familie. Was sie besaßen, gehörte ihnen gemeinsam. Wenn es an irgendetwas fehlte, war jeder gerne bereit, ein Grundstück oder anderen Besitz zu verkaufen und mit dem Geld den Notleidenden in der Gemeinde zu helfen. Tag für Tag kamen die Gläubigen einmütig im Tempel zusammen und feierten in den Häusern das Abendmahl. In großer Freude und mit aufrichtigem Herzen trafen sie sich zu den gemeinsamen Mahlzeiten. Sie lobten Gott und waren im ganzen Volk geachtet und anerkannt. Die Gemeinde wuchs mit jedem Tag, weil der Herr viele Menschen rettete“ (Apostelgeschichte 2, 42–47).*

Wir wurden dazu geschaffen, mit anderen in Gemeinschaft zu leben. Und aufgrund unserer Einheit in Christus sind wir dazu aufgerufen, diejenigen anzunehmen, die anders sind als wir. Darin steckt auch die positive Dynamik einer Gemeinde in Bezug auf eine Person, die zum ersten Mal Gnade und Annahme erfährt. Doch eine Gemeinde kann auch Verletzungen anrichten, nämlich wenn sie selektiv, richtend und gesetzlich wird. Von der Schriftstellerin Anne Lamott stammte dieser zum Nachdenken anregende Satz: „Man darf sich sicher sein, dass man Gott nach seinem eigenen Bild geschaffen hat, wenn sich herausstellt, dass Gott die gleichen Menschen hasst wie man selbst."[1]

Dazu kann man sowohl „Autsch" als auch „Amen" sagen. Wenn Unterschiede uns zur Verurteilung führen, dann wird das, was wir für einen „sicheren Ort" hielten, der größte Betrug überhaupt. Und wenn wir in dieser Hinsicht „erfahrene" Christen werden, kann etwas mit uns passieren: Wir können vergessen, dass wir ehemals zerbrochene Sünder waren, die verzweifelt Vergebung und Annahme brauchten. Denn dann besteht die Gefahr, dass unsere Heiligkeit auf unserer Leistung basiert und nicht mehr auf der völligen Abhängigkeit von Christus.

Vor Jahren schrieb ich ein Buch, in dem ich die Vision beschrieb von einer äußerst attraktiven Gemeinde, von deren Besuch man die Menschen nicht abhalten könnte – selbst wenn man die Türen verrammeln würde. Ein Ort, an dem jedes geistliche, physische und finanzielle Talent, egal wie klein oder groß, wertgeschätzt würde. Ein Ort, an dem man es sich zur Aufgabe macht, sich nach dem anderen auszustrecken und aufopferungsvoll füreinander zu sorgen. Ein Ort, an dem man sich füreinander engagiert und auf die Bedürfnisse eingeht, die man normalerweise den „professionellen Christen" des Leitungsteams überlässt. Ich träumte von Menschen verschiedenen Alters und unterschiedlicher Herkunft, die am Leben anderer Anteil nahmen, ohne sich von diesen Unterschieden irritieren zu lassen. Ein Ort, an dem der Dienst des „Verlorenen Sohnes" praktiziert wird, da man diejenigen willkommen heißt, die nach Hause zurückkehren, insbesondere solche, die durch schlechte Entscheidungen und Sünden Narben davongetragen haben. Zwar würden wir unsere Brüder und Schwestern auch ermahnen, jedoch immer mit Demut und Gnade. Wir würden die Gemeinschaft als Christen miteinander genießen und es zur Priorität machen, dass sich keine einzige Person je einsam fühlt.

Ich erkenne jetzt, dass das, wonach ich mich sehnte, ein Ort der Gnade war.

Ich weiß, dass es in unserer Kultur nicht leicht ist, echte Gemeinschaft zu finden und zu leben. Ich verstehe nur zu gut, wie leicht es ist, am liebsten das Handtuch schmeißen zu wollen. Ich hätte es fast getan. Doch die Wahrheit lautet: Wir *brauchen* Gemeinschaft, auch wenn wir in der Vergangenheit durch negative Erfahrungen in Beziehungen verletzt wurden.

Sollten Sie sich nicht in einer Gemeinschaft befinden, in der Gnade gelebt wird, ist es vielleicht an der Zeit, Gott zu bitten, Sie an einen solchen Ort zu führen. Ich weiß, das kann sehr kräftezehrend sein. Ich jedenfalls habe sehr lange gebraucht, um einen solchen Ort zu finden, aber ich habe ihn gefunden! Und ich habe noch viel mehr Zeit gebraucht, um mir bewusst zu werden, dass Gott jede Verletzung, jede Kränkung, jeden Kummer heilen wollte. Letzten Endes war ich in der Lage zu erkennen, wie Gott mich gerade durch schwierige Zeiten darauf vorbereitet hatte, die Gnade auf ganz neue Weise anzunehmen und willkommen zu heißen.

Ich bin von der Gnade geradezu mitgerissen worden. Mein Leben, meine Beziehung zu Jesus, meine Ehe, mein Dienst – all das hat sich durch sie verändert. Grundlegend!

Warum steigen nicht mehr Christen ein in diesen Zug der Gnade? Warum haben so viele Angst davor? Ich glaube, ein Teil der Antwort lautet: Viele von uns wollen nicht die Kontrolle abgeben, die wir noch zu haben meinen. Denn lässt man sich auf Gottes Gnade ein, gibt man die Kontrolle ab, und das ist für viele Menschen nicht attraktiv.

Jesus forderte uns auf, ihn von ganzem Herzen, mit ganzer Seele und ganzem Verstand zu lieben und unseren Nächsten wie uns selbst zu lieben. Das bedeutet auch, auf unser vermeintliches Recht zu verzichten, Kränkungen und Fehler zu zählen und Vergeltung und Ausgleich zu suchen. Das macht uns Angst und scheint mit unserer Mentalität zu kollidieren. Doch der Apostel Petrus beschreibt, wie dies ganz praktisch aussehen kann:

> *„Vor allem aber lasst nicht nach, einander zu lieben. Denn Liebe sieht über Fehler hinweg. Nehmt einander gastfreundlich auf und klagt nicht über die vermehrte Arbeit. Jeder soll dem anderen mit der Begabung dienen, die ihm Gott gegeben hat. Wenn ihr die vielfältigen Gaben Gottes in dieser Weise gebraucht, setzt ihr sie richtig ein" (1. Petrus 4, 8–10).*

Dass wir Gemeinschaft mit Glaubensgeschwistern notwendig haben, ist offensichtlich. Doch es ist noch wichtiger, genau hinzusehen, was Jesus vorgelebt hat. Jesus kannte Hunderte von Menschen. Er reiste mit Dutzenden umher. Er sandte siebzig aus. Er machte zwölf zu Jüngern. Und er investierte in besonderer Weise in drei von ihnen. Sein engster Kreis bestand aus Petrus, Jakobus und Johannes. Er vertraute sich diesen drei Männern in tieferer Weise an als den übrigen Jüngern. Ich habe das Gute an nahe stehenden Beziehungen in meinem eigenen Leben erfahren, denn ich bin vor allem daran gereift, dass ich es wagte, mich einer kleinen Gruppe von drei Männern anzuvertrauen.

Professor Howard Hendricks vom theologischen Seminar in Dallas sagte einmal, jeder Mensch brauche drei verschiedene Persönlichkeiten in seinem Leben: einen Paulus, einen Barnabas und einen Timotheus.

Paulus ist der Ältere, der uns beraten und uns mit seiner Erfahrung dienen kann. Es war nicht leicht für mich, einen älteren Mann als Mentor zu finden, aber ich bin über die Jahre doch mit mehreren von ihnen gesegnet worden.

Timotheus wiederum steht für einen jüngeren Mann, in den man investiert. Doch es ist der Barnabas-Typ, nach dem ich am eifrigsten suche. Hendricks hat ihn treffend beschrieben:

„Ein Barnabas ist ein Seelenbruder, jemand, der dich liebt, ohne von dir beeindruckt zu sein. Jemand, dem man Rechenschaft geben kann. Jemand, der bereit ist, ehrlich mit dir zu sein und zu sagen: „Hör mal, Bruder, du vernachlässigst deine Frau, und erzähl mir jetzt bloß keinen Stuss!“[2]

Was für eine passende Beschreibung für einen echten Freund. Jemand, der uns liebt, ohne von uns beeindruckt zu sein. Jemand, der die Gelegenheit ergreift, uns die Wahrheit zu sagen, und zwar nur, weil er das Beste für uns will. So sollte nach Gottes Willen Freundschaft aussehen.

Wir alle haben dunkle Stellen in unserem Herzen, doch ich brauche eine Person, die mich genug liebt, um diese dunklen Stellen liebevoll zu beleuchten.

Ich hoffe, Sie finden den Mut, jemandem auf diese Weise zu vertrauen. Vielleicht beginnt es damit, dass Sie selbst eine solche Person für jemand anderen sind, um zu sehen, wie es sich in der Praxis anfühlt. Einen Freund zu finden, kann beängstigend und sogar lähmend sein. Ein Freund zu sein ist dagegen etwas, das jeder von uns tun kann.

Es gibt zwei Dinge, die ich bei meinen engsten Freunden entdeckt habe.

1: *Sie verstehen die Notwendigkeit von Gnade.* Wenn sie begreifen, wie sehr sie die Gnade von Jesus brauchen, dann sind sie viel eher dazu bereit, anderen gegenüber Gnade zu zeigen.

2: *Sie lieben das Leben.* Für mich ist es wichtig, dass ein Freund jemand ist, den ich *gern* habe. Ich muss es *genießen* können, mit einem Freund Zeit zu verbringen, um bereit zu sein, ihm mein Herz auszuschütten. Ich möchte mit einem Freund auch lachen und albern sein können.

Zwischen Hannah und Sadie bestand deutlich sichtbar eine solche Dynamik. Auf dem Foto auf S. 64 hat Hannah irgendetwas mit Sadie geteilt, was sie zum Lachen brachte. Und Hannah sieht so aus, als ob sie etwas Anzügliches gesagt hätte.

1937 unternahm die Harvard-Universität eine Studie, um die wichtigsten Faktoren für menschliches Wohlbefinden und Glück zu erforschen. Mehr als 250 männliche Harvard-Studenten, die gesund und ausgeglichen zu sein schienen, wurden für die Studie ausgewählt, die sich über siebzig Jahre ihres Lebens hinziehen sollte. Die Forscher berücksichtigten messbare Faktoren wie sportliche Aktivität, Cholesterinspiegel, Familienstand, Alkoholkonsum, Tabakkonsum, Bildungsniveau und Gewicht, aber auch subjektive, psychologische Faktoren.

2009 wurde Dr. George Vaillant, der Leiter der Studie, gefragt, was er aus den über Jahrzehnte zusammengetragenen Daten in Bezug auf das menschliche Glück gelernt habe. Der brillante Harvard-Soziologe stellte dann etwas heraus, was der Apostel Paulus bereits zweitausend Jahre früher zum Ausdruck gebracht hatte: „Das Einzige, was im Leben wirklich zählt, sind menschliche Beziehungen.“[3]

Paulus ging sogar noch weiter, indem er ausführte, dass keine irdischen Besitztümer oder Leistungen oder Errungenschaften wichtiger sind als die Beziehungen in unserem Leben. Unsere Kultur aber gaukelt uns ständig vor, andere Dinge seien genauso wichtig. Schenken Sie solchen Worten keinen Glauben! Wenn ich auf meinem Sterbebett liege, dann werde ich ganz sicher nicht darum bitten, dass man mich in mein neues Auto schafft, damit ich ein letztes Mal auf den teuren Lederpolstern sitzen kann. Ich bin sicher, dass ich mir dann nicht all die Auszeichnungen anschauen will, die ich im Leben erhielt. Und ich werde auch ganz bestimmt nicht sehen wollen, was auf Facebook bei meinen Hunderten „Freunden" vor sich geht. Ich werde vielmehr von den Menschen umgeben sein wollen, die mir alles bedeuten.

Da wir gerade über Beziehungen reden: Während unserer Reise fragten wir ab und zu nach, wie es Hannah ging. Scott berichtete, dass sie gesund und glücklich aussah. Kein Wunder, schließlich war sie mit ihrer besten Freundin zusammen.

7

Komm zu Herrchen

„Mensch und Tier erfahren deine Hilfe, Herr!
Wie kostbar ist deine Güte, o Gott!“

– Psalm 36,6–7 –

„Während ich diese Zeilen schreibe, nickt meine Hannah im Sitzen ein. Nachdem sie mir während eines Gewitters stundenlang in der Wohnung auf Schritt und Tritt gefolgt ist, ist sie erschöpft. Wenn das Gewitter nicht bald nachlässt, wird sie durchdrehen. Ich habe bereits Verspannungen in den Händen, sosehr habe ich versucht, sie während des Sturms durch ständiges Kraulen zu beruhigen. Doch ich mag den Gedanken, dass das tröstende Kraulen meine Gelegenheit ist, Hannahs ungeteilte Bewunderung, die sie mir stets entgegenbringt, wenn ich großartige Dinge vollbracht habe, wie zum Beispiel die Post aus dem Briefkasten zu holen, ihr ein Stück weit zurückzugeben."

Ich habe bereits einige Erfahrungen mit Unwettern und großen Hunden hinter mir. Aber Charlies völlig durchgedrehtes Verhalten lässt sich wohl kaum mit Hannahs Bedürfnis, sich anzuschmiegen und trösten zu lassen, vergleichen. Jedenfalls ließ sich Hannah, wann immer ich während des stundenlangen Gewitters für etwas anderes zu Erledigendes mit dem Kraulen aufhörte, neben mich auf den Boden fallen und lehnte sich mit ihrem ganzen Gewicht gegen mich, um weiter beruhigt und getröstet zu werden. Sie wollte stets dort sein, wo ich war. Es reichte ihr nicht, im selben Raum zu sein wie ich. Oder mich zu sehen. Hannah wollte sich an mich schmiegen. Sie wollte die Nähe ihres Herrchens spüren. Ihr Verhalten erinnerte mich an ein altes Kirchenlied:

„Leaning, leaning
safe and secure from all alarms …"
(Geborgen in Gottes Armen.
Sicher behütet und beschützt vor allen Ängsten …)

Ich bin mir nicht sicher, ob Hannah sich tatsächlich behütet fühlte, aber ich glaube, dass sie sich besser fühlte, als sie sich an mich, ihr Herrchen, schmiegte. Und ihr einfacher, instinktiver Wunsch gab mir ein gutes Beispiel, wie ich selbst auf die Stürme des Lebens reagieren sollte. Das Lied beruht auf 5. Mose 33,27 (ELB): *„Eine Zuflucht ist der Gott der Urzeit, und unter dir sind ewige Arme."*

„Geborgen in Gottes Armen. Was für eine freudige Erfahrung;
Geborgen in Gottes Armen.
Was für eine Glückseligkeit, welcher Frieden für den Geist;
Geborgen in Gottes Armen.
Sicher behütet und beschützt vor allen Ängsten;
Geborgen in Gottes Armen.
Oh, wie süß ist es, diesen Pilgerweg zu gehen;
Geborgen in Gottes Armen.
Oh, wie heller strahlt der Pfad Tag für Tag;
Geborgen in Gottes Armen.
Was habe ich mich zu ängstigen, was habe ich mich zu fürchten?
Geborgen in Gottes Armen.
Ich fand seligen Frieden und bin meinem Herrn so nah;
Geborgen in Gottes Armen!"[1]

Zu Gott, dem Herrn, rennen, um Geborgenheit zu finden – ich glaube, Hannahs einfacher Vertrauensbeweis gibt ein gutes Beispiel, um sich auf Lebensstürme vorzubereiten.

Wir lernen in den Stürmen des Lebens eine Menge über uns selbst. Sie sind ein notwendiger Teil unseres Veredelungsprozesses. Viel zu oft betrachten wir solche Lebensphasen aber als etwas, das es zu ertragen gilt, statt sie als von Gott gelenkte Gelegenheiten zu sehen, in Gnade zu wachsen und Jesus ähnlicher zu werden. Gott liebt uns viel zu sehr, als dass er uns nur sanft durchs Leben treiben lässt. Das klingt zwar irgendwie verrückt, aber es wird logisch, wenn man darüber nachdenkt, wie wir als Persönlichkeiten Reife erlangen. Gott lässt uns sowohl gute als auch negative Dinge erfahren, um unseren geistlichen Reifungsprozess voranzubringen. Und unsere Aufgabe ist es, sich an einen souveränen Gott anzulehnen, der genau weiß, was wir für unser Leben brauchen.

Gott liebt uns viel zu sehr, als dass er uns nur sanft durchs Leben treiben lässt.

Jeder, der Jesus nachfolgt und in einen Lebenssturm gerät, kämpft mit Zweifeln. Wie aber gelingt es zu glauben, dass in diesen Schwierigkeiten tatsächlich verborgene Gnade Gottes steckt? Genau das fand David in Psalm 119,71–77 (NGÜ) heraus:

„Es hat mir gut getan, dass ich vom Leid getroffen wurde, erst dadurch lernte ich, mich auf deine Bestimmungen zu besinnen. Das Gesetz, das du ausgesprochen hast, bedeutet mir mehr als Tausende von Gold- und Silberstücken. Deine Hände haben mich geschaffen und gebildet; schenk mir Einsicht, damit ich lerne, deine Gebote zu befolgen. Alle, die vor dir Ehrfurcht haben, werden sich freuen, wenn sie mich sehen, denn ich setze meine

Hoffnung auf dein Wort. Ich weiß, Herr, dass deine Urteile gerecht sind: Du hast auch dann in Treue gehandelt, als du Leid über mich brachtest. Lass mich doch nun Trost finden, indem du mir deine Gnade schenkst; so hast du es ja mir, deinem Diener, zugesagt. Schenk mir in reichem Maß deine Barmherzigkeit, damit ich neue Lebenskraft bekomme, denn ich habe große Freude an deinem Gesetz."

Viele Christen leben mit einer Theologie, die mehr an Karma erinnert als an Christus: Tue ich etwas Gutes, sollten mir gute Dinge widerfahren. Geschieht etwas Schlechtes, dann habe ich in Gottes Augen wohl etwas Falsches getan. Das entspricht aber *nicht* dem Evangelium.

Jeder Mensch erlebt schlechte Dinge. Daher sollten wir lernen, uns an den Einen „anzulehnen", der einen in Schwierigkeiten trösten kann. Hannah versuchte nicht herauszufinden, warum der Sturm tobte. Sie zweifelte auch nicht an meiner Liebe zu ihr, nur weil sie eine Situation durchmachen musste, in der sie Angst hatte. Sie wollte einfach die ganze Zeit ganz nah bei mir sein, bis der Sturm vorüber war. Was für ein Beispiel, wie Christen auf Lebensstürme reagieren sollten! Sich an Jesus halten. Sich bei ihm anlehnen. Ihm vertrauen. Voll und ganz.

Meine Frau Joni liebt Töpferware, und so gehört es zu meiner Pflicht, „ihr zuliebe", sie in Töpfereien zu begleiten. Manche Männer nennen solche Gänge auch „Punkte sammeln". Einmal besuchten wir ein Geschäft, wo die Künstler vor unseren Augen Vasen und Töpfe herstellten, umgeben von Produkten aus Ton.

Während Joni sich umschaute, betrachtete ich, wie ein Töpfer einen unförmigen Klumpen nahm und mit viel Geschick eine einzigartige Kreation daraus schuf. Bei diesem eindrücklichen Zusehen musste ich gleich an den Vers in Jesaja denken: *„Dennoch bist du, Herr, unser Vater! Wir sind der Ton, und du bist der Töpfer! Wir alle sind Gefäße aus deiner Hand“* (Jesaja 64,7).

Ich war fasziniert von der Komplexität des Vorgangs. Ein Töpfer muss dafür sorgen, dass kein Schmutz und keine Fremdstoffe in den Ton geraten. Diese Störfaktoren würden das Gefäß sonst zerbrechlich machen, sodass es unbrauchbar wäre. Und ich begann zu begreifen: Gottes Wunsch ist es, mit uns dasselbe zu tun. Schmutz (Sünde) schwächt uns und hält uns von unserer eigentlichen Bestimmung ab.

Anschließend knetet der Töpfer den Ton, um sicherzugehen, dass sich keine Luftblasen darin befinden; sonst könnte das Gefäß platzen, wenn es in den Brennofen kommt.

Ich merkte, in meinem Leben sind die „Luftblasen“ die Bereiche, in denen ich Gott Widerstand leiste und versuche, Dinge selbst zu kontrollieren, anstatt Gott zu vertrauen. Ich sehe vielleicht so aus, als ob ich nach Gottes Bild geformt wurde, doch da sind diese unsichtbaren „Luftblasen“ des Stolzes und der Wut und des Wunschs nach Kontrolle. Und diese von mir selbst erzeugten Luftblasen könnten auslösen, dass ich in der Hitze einer Not zerbreche.

Die frisch getöpferten Gefäße – „Rohware“ genannt – werden anschließend vorsichtig auf ein Regal gelegt, um an der Luft zu trocknen, bevor der nächste Schritt erfolgen kann. Noch ist die ungebrannte Töpferware brüchig und kann leicht kaputtgehen; es muss erst noch etwas geschehen, bevor das Objekt seine endgültige Form erhält und solide und brauchbar ist: Der Ton muss in das Feuer des Brennofens.

Schwierigkeiten, denen wir uns gegenübersehen, können auf uns Menschen, die Jesus nachfolgen, dieselben Auswirkungen haben. Sie können uns stärken wie formen. Treffen sie uns jedoch unvorbereitet, kann ein Feuer der Prüfung uns zerbrechen und uns für Gottes ursprünglichen Plan unbrauchbar machen.

Natürlich kann ich mich dazu entschließen, mit meinem Zustand als „Rohware" zufrieden zu sein, wohlwissend, dass ich leicht kaputtgehen kann und für den eigentlichen Dienst nicht vollends brauchbar bin. Doch Gott weiß, dass wir im Feuer der Prüfung gestärkt und für ihn brauchbar werden. Es geschieht fast immer in Widrigkeiten, dass die wahre Schönheit unseres Schöpfungsprozesses offenbar wird. Ich jedenfalls kann mich an kein bedeutsames geistliches Wachstum in meinem Leben erinnern, das ohne die veredelnde Hitze einer Prüfung ausgekommen wäre.

Bilder und Vergleiche, die in der Bibel beschrieben werden, sind sehr aussagekräftig, wenn wir uns die Mühe machen, sie in ihrem Kontext und mit ihrem kulturellen Hintergrund zu begreifen. Allerdings gibt es auch einige entscheidende Unterschiede zwischen einem menschlichen und dem göttlichen Töpfer. Denn ein menschlicher Töpfer, der ein schlechtes Stück Ton sieht, wirft es weg. Unser himmlischer Töpfer hingegen arbeitet geduldig mit einem jeden von uns, auch wenn wir unförmig und wertlos aussehen. In der Töpferei, in der wir waren, wurden zerbrochene Tongefäße ausrangiert oder für einen anderen Zweck genutzt. Unser himmlischer Vater hingegen nimmt die Scherben unserer Zerbrochenheit auf und verwandelt sie in etwas Wunderschönes, für ihn Brauchbares.

Insofern erhalten im Kontext des beschriebenen Töpfervorgangs die Worte des Apostels Jakobus, in denen es um Prüfungen geht, noch mehr Sinn:

„Liebe Brüder und Schwestern! Betrachtet es als besonderen Grund zur Freude, wenn euer Glaube immer wieder hart auf die Probe gestellt wird. Ihr wisst doch, dass er durch solche Bewährungsproben fest und unerschütterlich wird" (Jakobus 1,2–3).

Eine Prüfung an sich macht keine Freude, doch das Wissen, dass Gott diese Dinge in unserem Leben zum Guten nutzt, bringt Freude hervor.

Sollten Sie sich persönlich gerade mitten in einer Prüfung oder kurz davor befinden, dann möchte ich Ihnen sagen: Trösten Sie sich mit dem Wissen, dass Gott die Absicht verfolgt, Sie gestärkt, wunderschön und brauchbar daraus hervorgehen zu lassen. Ein Töpfer sagte mir einmal, das Beste am Töpfern sei für ihn die Tatsache, dass jeder Tonklumpen beinahe grenzenloses Potenzial in sich birgt. Auch Sie und ich tragen dieses grenzenlose Potenzial in sich, weil wir einen grenzenlosen Gott haben, der geduldig und gut ist. Daher brauchen wir die dunklen Momente nicht zu fürchten oder davor wegzurennen. Was geschieht, wenn wir sie durchstehen, lohnt allemal die Entbehrungen.

Der US-amerikanische Theologe Timothy Keller schreibt in seinem Buch *Gott im Leid begegnen* darüber: „Es gibt keine Möglichkeit herauszufinden, wer du wirklich bist, bis du selbst geprüft wurdest. Und es gibt keinen Weg, am Leid anderer wirklich teilzuhaben und es mitzufühlen, es sei denn, du hast selbst gelitten. Und es gibt keine Möglichkeit, wirklich zu lernen auf Gott zu vertrauen, bis man nicht selbst untergeht."

Als Jugendlicher litt ich stark unter der Angst, einsam zu sein, und das hat mir geholfen, Mitgefühl für andere zu entwickeln. Als Joni und ich dann unsere einzige Tochter, Katie, aufgrund eines Geburtsfehlers verloren haben, wurde mir in der Zeit danach bewusst, was mich als Persönlichkeit wirklich ausmachte. Und als Joni an Krebs erkrankte, wurde mir bewusst, dass nur Gott die Rettungsleine werfen kann, wenn man im Meer der Angst und Unsicherheit zu versinken droht. All diese Situationen und noch viele andere haben mich gelehrt, mich in Schwierigkeiten ganz auf Gott zu verlassen.

Hannah gab mir heute ein anschauliches Beispiel dafür, was es bedeutet, sich auf seinen Herrn zu verlassen, um Trost und Kraft zu erfahren. Sie hatte keinen anderen Plan. Und ich sollte auch keinen anderen haben. Jeglicher Plan sollte darin bestehen, mich zuallererst vollständig in die Arme meines liebenden Vaters zu werfen. Natürlich weiß ich, dass wir in Zeiten der Prüfung auch Verantwortung zu übernehmen haben, doch ich meine die Aufgabe, in einem Lebenssturm standzuhalten. Da brauchen wir Hilfe, die über unsere eigene Kraft hinausgeht, diese Aufgabe zu bewältigen.

Von uns aus tendieren wir nicht unbedingt dazu, uns direkt in Gottes ewige Arme zu werfen, wenn der Sturm aufzieht. Doch wenn wir es tun, finden wir Frieden, Freude und Sicherheit.

„Wovor sollte mir grauen, wovor sollte ich mich fürchten,
wenn ich in seinen ewigen Armen ruhe?
Ich bin voller Frieden, mein Herr ist ganz nah bei mir,
wenn ich in seinen ewigen Armen ruhe.“[2]

Hannah ist gerade eingeschlafen und schnarcht. Meine Arbeit ist im Moment getan, doch es gibt noch so viele Lektionen zu lernen. Hannah hat mich heute daran erinnert, dass ich zu Gott, meinem Herrn, rennen muss, wenn der Sturm kommt, um mich völlig in seine tröstenden Arme fallen zu lassen. Es ist der einzige Ort, an dem ich wirklich sicher und geborgen bin. Hannah kommt zu ihrem Herrchen, ohne zu zweifeln oder sich irgendwelche Fragen zu stellen.

Herr, lehre mich, dasselbe zu tun.

8
Lügen abschütteln

„Hunde lügen nie,
wenn es um Liebe geht."

– Frey Moussaieff Masson –

„Ich schaffe es, Hannah immer wieder zu enttäuschen. Ich kann ihr sagen ‚Ich möchte nicht spielen', und dennoch schleppt sie ein paar Minuten später voller Vorfreude in ihren Augen ihr Spielzeug an. Ich kann ignorieren, dass sie mich mit ihrer Schnauze anstupst, doch sie legt sich danach hin und schläft eine Runde, nur um es kurz darauf erneut zu versuchen.
Ich frage mich, wie viel gesünder wären unsere mitmenschlichen Beziehungen, wenn es uns gelingen würde, unsere eigenen Bedürfnisse auszudrücken, ohne wütend zu werden oder uns abzukapseln, wenn sie nicht erfüllt werden? Denn fühle ich mich abgelehnt, neige ich dazu, mir das zu merken. Wenn der andere dann so viele ‚negative Punkte' bei mir angesammelt hat, dass mein Fass überläuft, werde ich sauer oder ziehe mich in meine Schmollecke zurück.
Ich stelle fest: Ich sollte mir vornehmen, meine Bedürfnisse mit Gnade und Liebe zum Ausdruck zu bringen, und ich will nicht Buch führen über negative Erfahrungen!"

Hannah führt nicht Buch über Zurückweisungen. Ich kann ihre Aufforderung zum Spiel zwar fünfzehnmal ignorieren, aber ihr Verhalten ändert sich dadurch nicht. Selbst wenn ich den ganzen Morgen ihre Versuche, sich von mir kraulen zu lassen, übergangen habe, kommt sie trotzdem nach dem Mittagessen mit hoffnungsvollen Augen und wedelndem Schwanz wieder zu mir.

Es ist nicht falsch, Bedürfnisse zu haben und auszudrücken, die von anderen befriedigt werden könnten. Es ist auch nicht falsch, wenn die andere Person nicht genau in dem Moment, in dem ich meine Bedürfnisse ausdrücke, diesen entsprechen kann. Paulus machte in seinem bekannten Text über die Liebe die eindrückliche Beobachtung, dass die Liebe sich Negatives nicht merkt: *„Liebe verletzt nicht den Anstand und sucht nicht den eigenen Vorteil, sie lässt sich nicht reizen und ist nicht nachtragend“* (1. Korinther 13,5). Insofern war Paulus kein Freund meiner Buchführung!

Heute Morgen führte ein gewöhnliches Spiel mit Hannah zu einer nicht ganz so gewöhnlichen Situation für ihr Herrchen. Zum Glück gibt es keine Videokameras bei uns auf dem Gelände, die unsere täglichen Aktivitäten aufzeichnen. Denn oft geschehen die Dummheiten, die ich mache, zufällig, doch manchmal bin ich auch ganz und gar selbst dafür verantwortlich. Und heute Morgen führte der Gang zum Pool mit Hannah zu eben jenem selbst verschuldeten, unangenehmen Moment.

Hannah liebt es, Tennisbälle aus dem Pool zu fischen; sie springt rein und holt jeden einzeln heraus, präsentiert ihn mir dann voller Stolz und springt anschließend wieder ins Wasser. Jedes Mal, wenn sie aus dem Pool kommt, schüttelt sie sich energisch und produziert um sich einen beeindruckenden Regenschauer.

Wie sie das wohl macht?

Genau das hatte ich mich schon immer gefragt. Und an diesem Morgen versuchte ich herauszufinden, ob ich auch Wasser von mir abschütteln konnte. Ich begann mit einem bescheidenen Ziel. *Kann ich ein wenig Wasser aus meiner grauen Mähne schütteln?* Ich tauchte also mit dem Kopf unter, kam hoch und schüttelte meinen Kopf heftig hin und her. Hannah sah mich verblüfft an. Kaum ein Tropfen fiel von mir ab. Stattdessen hatte ich anschließend einen steifen Hals und leichte Kopfschmerzen.

Die Antwort auf meinen missratenen Versuch war einfach: Ich konnte nicht wie Hannah Wasser aus meinem „Fell" schütteln, weil ich einfach nicht über die von Gott gegebene Fähigkeit verfüge, die jeder Hund besitzt. Später dachte ich noch etwas über meinen gesunden Menschenverstand und über Hannahs Talent nach.[1]

Sosehr ich auch mein kleines Experiment genoss, die Lektion, die Hannah mich lehrte, war nicht das Abschütteln von Wasser. Was ich mich vielmehr fragte, war, warum Hannah Ablehnung und Enttäuschung so viel besser abschütteln konnte als ich. Jedes Mal, wenn ich Nein sagte, reagierte Hannah weder unsicher noch beleidigt. Auch beginnt sie nicht darüber nachzudenken, nachdem sie zurückgewiesen wurde, warum sie nicht gut genug sein könnte. Sie hört kein ablehnendes Bellen aus ihrer Zeit als Welpe. Sie denkt wohl auch nicht an ihre Wurfgeschwister zurück, die sich mit grausamem Jaulen über sie lustig machten. Sie denkt nicht: *Vielleicht mag mein Herrchen mein Spielzeug nicht; wenn ich ihm sein Lieblingsspielzeug bringe, wird er bestimmt nicht widerstehen können.* Sie schleicht sich auch nicht einfach davon und versteckt sich, weil sie meint, sie sei wertlos. Sie akzeptiert einfach, dass es gerade nicht der richtige Moment ist, um zu spielen, und sie zeigt mit ihrer Körpersprache und ihrem Blick, dass das in Ordnung ist. Sie bleibt einfach entspannt. Sie macht nicht dicht. Sie versucht es einfach erneut, mit ungebrochenem Selbstwertgefühl.

Bei mir ist das anders. Ich höre sofort Stimmen der Verurteilung, wenn ich mich abgelehnt fühle oder jemand böse auf mich ist.

Nach meinem Test kam mir ein Vers in den Sinn, in dem es zwar nicht ums Wasserabschütteln geht, aber in dem es heißt, wir sollten Dinge „abschütteln" oder „abwerfen", die uns am Laufen hindern: *„Darum wollen auch wir, die wir eine solche Wolke von Zeugen um uns haben, alle Last und die Sünde abwerfen, die uns so leicht umstrickt"* (Hebräer 12,1; EÜ).

Jedes Mal, nachdem Hannah aus dem Pool kam, wusste sie genau, wie sie das überschüssige Wasser abzuschütteln hatte. Mir gefällt dieses Bild, wenn ich daran denke, dass wir ähnlich alle Dinge abschütteln sollten (sogar einige gute), die die eigene Beziehung zu Gott beeinträchtigen könnten.

Haben Sie gelesen, dass es nicht nur Sünden sein können, die uns am Laufen hindern? Früher dachte ich viel darüber nach, wie ich im Glauben „besser" und „gerechter" werden könnte. Doch dieser Vers sagt, wir sollen alles abwerfen, was uns belastet oder behindert. Das heißt: Um mich ganz und gar von Gott gebrauchen zu lassen, musste ich selbst manche „guten" Dinge, die nicht die „besten" sind, ablegen.

Timothy Keller drückt es so aus: „Ein Idol ist eine gute Sache, die sich in etwas Ultimatives verwandelt."[2] Insofern können wir jetzt den Rest dieses Abschnitts aus dem Hebräerbrief lesen:

> *„Lasst uns mit Ausdauer in dem Wettkampf laufen, der vor uns liegt, und dabei auf Jesus blicken, den Urheber und Vollender des Glaubens; er hat angesichts der vor ihm liegenden Freude das Kreuz auf sich genommen, ohne auf die Schande zu achten, und sich zur Rechten von Gottes Thron gesetzt. Richtet also eure Aufmerksamkeit auf den, der solche Anfeindung vonseiten der Sünder gegen sich erduldet hat, damit ihr nicht ermattet und mutlos werdet!" (Hebräer 12,1–3).*

Wissen Sie, ich fühle mich von verletzten Menschen geradezu angezogen, so wie eine Motte vom Licht. Denn höre ich ihre Geschichten, erkenne ich ein vertrautes Muster. Sie neigen dazu zu glauben, dass der ganze Schrott ihres Lebens in Gottes Augen noch immer Bestand hat. Viel zu viele gläubige Christen sind nicht imstande zu glauben, dass sie eine neue, heilige Schöpfung sind. Vor Kurzem sah ich ein T-Shirt mit der Aufschrift: *Auch wenn die Stimmen in meinem Kopf nicht echt sind, sie haben ein paar gute Ideen.* Im ersten Moment musste ich grinsen. Doch dann dachte ich: *Moment mal! Die Stimmen in meinem Kopf haben selten gute Ideen.*

Ich vermute, dass das auf einige von Ihnen ebenfalls zutrifft. Stimmen in unserem Kopf sind leider meist reale, Furcht einflößende Feinde, denn es sind Stimmen, die in unserer Kindheit programmiert wurden. Negative Bemerkungen von Eltern, Lehrern, Trainern, Geschwistern, Freunden, anderen Christen und allerlei sonstigen Personen haben tiefe Spuren in unserem Innern und unserem Selbstbild hinterlassen. Sicher kennen viele folgende Sätze:

„Du wirst dich nie ändern."
„Was hast du dir nur dabei gedacht?"
„Ich kann es nicht fassen, dass du das schon wieder getan hast."
„Was ist nur los mit dir?"
„Ich bin wirklich enttäuscht von dir."

Und die Anklage, die auf meiner persönlichen Top-Ten-Liste ganz oben steht:

„Wie konntest du nur so dumm sein?"

Dieser Satz kam noch an diesem Wochenende wieder in mir hoch, als ich die Schlüssel meines Leihwagens im Kofferraum eingeschlossen hatte. Merke: Wenn wir etwas vermasseln, sind die Stimmen sofort wieder da. Und dann fällt diese eigene Stimme in einen ganzen Chor ein: „Es stimmt. Ich bin wertlos. Ich bin nicht genug. Ich bin dumm. Ich verdiene es nicht, geliebt zu werden."

Und jedes Mal, wenn wir Enttäuschungen, Ablehnung, Versagen, Verlust oder Schwierigkeiten durchmachen, fühlen wir uns von eigenen Anschuldigungen überflutet:

„Warum nur kann ich kein(e) bessere(r) Ehemann, Freund, Freundin, Ehefrau, Schwester, Bruder, … sein?"

„Wenn ich damals dies oder jenes getan hätte, wäre all das nicht passiert."

„Warum habe ich das nicht gemacht, als ich die Gelegenheit dazu hatte?"

„Warum habe ich das getan, statt hier zu sein?"

Der Widersacher bläst zum Generalangriff, wenn Menschen des Glaubens durch Zeiten der Prüfung und des Zweifels gehen. Er genießt es dann, uns anzuklagen und versucht, die Festen unseres Glaubens zu erschüttern. Doch wir müssen uns vor Augen halten: Satan ist ein Lügner; er war es immer und wird es immer sein. Unter Kollegen oder in anderen Beziehungen haben wir gelernt, niemals einem Lügner zu vertrauen. Wie viel mehr sollten wir dafür beten, die Lügen Satans zu erkennen und abzulehnen, die uns in Prüfungszeiten attackieren?

Es gibt noch eine andere Stimme. Sie ist viel sanfter, und wir müssen uns bemühen, sie zu hören. Sie ist keine Stimme der Scham. Sie ist vielmehr eine Stimme der Hoffnung, Liebe, Annahme, Vergebung und Gnade. Und wir müssen herunterschalten und still werden, um diese Stimme zu hören.

In der Wüste wurde Jesus damals ganz persönlich mit den Lügen Satans konfrontiert. Dreimal wurde er durch die verführerischen Versprechungen des Teufels in Versuchung geführt (siehe Matthäus 4,1–11). Und Männer, in die Jesus sein Herz, seine Seele und sein Leben investierte, hörten ebenfalls diese Stimme und machten Vorschläge, die alles andere waren als göttlich. Jakobus und Johannes beispielsweise wollten Feuer vom Himmel fallen lassen, um eine Stadt zu zerstören, die sie nicht willkommen hieß. Jesus wies sie daraufhin zurecht.

Und Petrus wurde dafür getadelt, als er Jesus zu erklären versuchte, dass sein beschriebenes bevorstehendes Leiden und sein Tod nicht eintreffen müssten:

> *„Da nahm ihn Petrus zur Seite, um ihn von diesen Gedanken abzubringen: ‚Herr, das möge Gott verhindern! So etwas darf dir niemals zustoßen!' Aber Jesus wandte sich zu ihm und sagte: ‚Weg mit dir, Satan! Du willst mich hindern, meinen Auftrag zu erfüllen. Was du da sagst, ist menschlich gedacht, aber Gottes Gedanken sind anders.' Danach sagte Jesus zu seinen Jüngern: ‚Wer zu mir gehören will, darf nicht mehr sich selbst in den Mittelpunkt stellen, sondern muss sein Kreuz auf sich nehmen und mir nachfolgen'" (Matthäus 16,22–24).*

Wir alle hören die Stimmen des Feindes. Manche Stimmen, die auf negative Erfahrungen in unserer Vergangenheit zurückgehen, müssen möglicherweise mittels therapeutischer Hilfe zum Schweigen gebracht werden. Doch in Bezug auf die alltäglichen Herausforderungen habe ich gelernt, dass die erste Stimme, die ich im geistlichen

Kampf höre, eine laute Stimme ist. Daher müssen wir lernen innezuhalten, still zu werden und auf die leise Stimme des Heiligen Geistes zu hören.

Natürlich hätten wir mehr für diese Beziehung tun können; das erkennt man aber oft erst im Nachhinein. Natürlich hätte man hier und da besser antworten können. Wer kann schon von sich sagen, sich niemals solcher Dinge schuldig zu machen? Doch Gottes Liebe ist unerschöpflich. Unser Gott ist ein Gott der Vergebung. Wir brauchen nur unseren Blick auf Jesus zu richten.

Verlieren Sie nicht den Mut! Lassen Sie es nicht zu, dass der Feind Sie daran hindert, bei Gott Zuflucht zu suchen, weil Sie sich zu sehr schämen. Eine solche Scham kommt nicht von Gott.

Die Stimmen vergangener Sünden, Fehler und Verletzungen haben nichts mehr mit der Person zu tun, die Sie heute sind. Die Anklage, die Sie vielleicht hören, wenn Sie mit Verlust und Schwierigkeiten zu kämpfen haben, definiert Sie nicht. Sie müssen diese Stimme „abschütteln", so wie mein Hund Hannah das Wasser nach dem Bad im Pool abschüttelt, um dann weiterzumachen.

Übrigens: Hannah liebt unser Handtuch-Ritual nach dem Schwimmen. Jedes Mal, wenn sie sieht, dass ich die Handtücher in die Hand nehme, kommt sie sofort angelaufen. Ich wickele sie dann in die weichen Tücher ein und reibe sie ab, bis sie ganz trocken ist.

Auch wir brauchen jemanden, der uns in Tücher hüllt. Nicht in Handtücher, sondern in „Kleider des Heils" (Jesaja 61,10), und es ist unser Gott, der uns darin einhüllt. Manchmal sind wir aber auch auf die Hilfe unserer Glaubensgeschwister angewiesen, um diese Wahrheit zu bekräftigen.

Wenn ich nicht auf Hannahs Wunsch eingehe, sie zu kraulen oder mit ihr zu spielen, dann schüttelt sie das buchstäblich von sich ab und kommt später wieder, voller Zuversicht, dass ich dieses Mal positiv reagieren werde. Warum? Weil in ihrem Hundekopf keine Stimmen der Scham tönen. Sie lebt im Augenblick und erwartet nur das Beste von ihrem Herrn.

Und wenn ich nicht halte, was ich versprochen habe, nimmt sie mich trotzdem gnädig an. Ich sollte ihrem Beispiel folgen.

9

Der Liebe vertrauen

„Unser Hund ist uns treu ergeben.
Wir sind der Mittelpunkt seines Universums.
Wir sind das Objekt seiner Liebe und Treue,
seines Vertrauens. Für ein paar Leckerlis dient er uns.
Es ist ohne jeden Zweifel der beste Deal,
den ein Mensch je gemacht hat.“

– Roger Caras –

„Meine Hündin Hannah ist bereit, sich mir, ihrem Herrchen, völlig zu unterwerfen. Sie vertraut mir vollkommen. Auch wenn unser Tag wie heute sehr früh begann. Wirklich früh. Sehr früh. Mir bot sich die Gelegenheit, meinen Enkel Ethan für einen Tag zu betreuen, allerdings wohnt der kleine Kerl etwa zwei Autostunden entfernt. Hannah würde mich auf der Fahrt begleiten. Ich stand also um halb fünf auf, doch Hannah rührte sich nicht.

Ich duschte und zog mich an, ohne dass Hannah sich bewegte. Sie kannte diesen Ablauf von zahlreichen Reisen, die ich zuvor unternommen hatte: Ich stehe früh auf, mache mich fertig, und gehe aus dem Haus. Allein. Normalerweise war sie von diesem Ablauf nicht betroffen, also beschloss sie weiterzuschlafen.

Als ich dann aber Richtung Haustür ging, rief ich sie leise. Sie hob den Kopf und sah mich etwas verwirrt an. Ich? Meinst du etwa mich? Irgendwas ist jetzt anders als sonst. Ich rief sie noch mal. Sie stand auf, streckte sich und folgte mir hinaus."

Als wir zum Auto gingen, sah Hannah mich weiter verwundert an, so als ob sie fragen wollte: *Bist du dir sicher? Soll ich wirklich dabei sein?* Ich redete ihr gut zu, ins Auto zu springen, und sie tat es. Wir machten uns dann gemeinsam auf den zweistündigen Weg zu Ethan. Hannah machte es sich auf dem Sitz neben mir gemütlich und vertraute mir völlig.

Als ich sie rief, hatte sie keine Ahnung, wohin ich gehen oder was auf sie zukommen würde. Sie wusste, dass der Ablauf an diesem Morgen ungewöhnlich war, doch das schreckte sie nicht ab. Ich brauchte weder zu betteln noch ihr zu schmeicheln, geschweige denn sie auf dem Vordersitz sitzen zu lassen. Auch brauchte ich mich nicht zu erklären oder sie mit einem Leckerli oder einem Spielzeug zu bestechen. Sie vertraute mir, folgte mir aus dem Zimmer und aus dem Haus hinaus, hinein in die Dunkelheit und ins Ungewisse. – Diese Art von Vertrauen kann nur jemandem geschenkt werden, der vertrauenswürdig ist.

Jesus fordert uns auf, ihm mit derselben bedingungslosen Haltung zu vertrauen. So wie ein Kind. Allerdings verlangt er dabei von uns nicht, dass wir kindisch oder unreif sein sollen. Er fordert uns vielmehr auf, ihm mit kindlichem Glauben zu folgen.

> *„Einige Eltern brachten ihre Kinder zu Jesus, damit er ihnen die Hände auflegte. Aber die Jünger fuhren sie an und wollten sie wegschicken. Als Jesus das merkte, war er empört: ‚Lasst die Kinder zu mir kommen und haltet sie nicht zurück, denn Menschen wie ihnen gehört Gottes Reich. Ich versichere euch: Wer sich Gottes Reich nicht wie ein Kind schenken lässt, der wird ganz sicher nicht hineinkommen.' Dann nahm er die Kinder in seine Arme, legte ihnen die Hände auf und segnete sie" (Markus 10,13–16).*

Als Hannah und ich bei Ethan eintrafen, schwang ich meinen kleinen Enkel hoch in die Luft und hielt ihn über meinem Kopf. Er kicherte entzückt. Dass er plötzlich mehr als zweieinhalb Meter über dem

Boden schwebte, beunruhigte ihn nicht. Schließlich vertraute er mir. Er hat mich auch nie darum gebeten, ihm meinen Babysitter-Pass zu zeigen oder ihm zu beweisen, dass ich noch nie in meinem Leben ein Kind habe fallen lassen. Er vertraute mir. Und als seine Mama Holly das Haus verließ, geriet auch sie nicht in Panik, dass Ethan ohne Schutz und Nahrung allein zurückbleiben könnte. Auch sie vertraute mir.

Zwei Arten des Vertrauens traten hier in Erscheinung: Mein Enkel vertraute mir instinktiv, wie ein Kind eben vertraut. Und seine Mutter vertraute mir, weil ich der Vater von drei Jungen war, darunter ihrem eigenen geliebten Ehemann, Matt. Mit Gott verhält es sich ähnlich. Wir dürfen unserem himmlischen Vater instinktiv vertrauen als dem Einen, der uns liebt, und wir können ihm vertrauen, weil wir andere Personen kennen, die seine Liebe und Fürsorge bezeugen können.

Hannah vertraut mir völlig. – Wenn es doch nur mir genauso leichtfallen würde, meinem Herrn zu vertrauen. Für mich ist es mitunter wie ein Ringkampf, mich einem viel freundlicheren, viel klügeren Herrn zu unterwerfen, als Hannah es tut. Ich verstricke mich dabei leicht in Selbstschutz, Angst und Scham. Zwar habe ich den Vorteil, dass ich die Bibel lesen kann und aus seinem Wort weiß, dass Gott vertrauenswürdig ist, aber dennoch fällt es mir schwer, Gottes Aufforderung nachzukommen, ihm ins Ungewisse zu folgen.

Oft, wenn ich Probleme mit dem Vertrauen habe, beschließe ich, meinen eigenen Weg zu gehen. Am nächsten Morgen, während ich mit Hannah spazieren ging, grübelte ich über diesen Charakterzug nach. Ich stellte mir vor, was Jesus über meine jüngsten Zweifel und wiederkehrenden Tendenzen wegzulaufen wohl dachte. Es war Zeit, ein Gespräch mit ihm zu führen, und zwar im ortsansässigen Café. Wir setzten uns an einen Tisch, ich bestellte zwei Kaffee und dann legte er los:

Ich habe dich vermisst, du hast eine Weile keine Zeit mehr mit mir verbracht.

Ich war wirklich sehr beschäftigt, mit Arbeiten und Reisen.

Ich bin rund um die Uhr erreichbar.

Ja, ich weiß.

Ich habe mich gefreut, dass du letzte Woche mit jener Angst zu mir kamst, die dir zu schaffen machte.

Ich weiß nicht, wie ich ohne dich damit fertiggeworden wäre.

Ich bin für dich da. Aber du weißt, dass ich auch da bin, wenn es gerade keine Krise zu meistern gibt.

Ich weiß. Manchmal vergesse ich das. Ich bin so beschäftigt, dass ich keine Zeit für dich habe.

Ich würde dich gern etwas fragen.

Was?

Hast du in den letzten Tagen Zeit gefunden, dich mit der Aufstellung deines Lieblingsfootballteams zu beschäftigen?

Möchtest du noch einen Kaffee? Oder einen Keks?

Netter Versuch! Du nimmst dir für die Dinge Zeit, die dir wichtig sind. Du weißt, dass ich dich nicht verurteile. Ich möchte nur, dass ich dir genauso wichtig bin, wie du für mich wichtig bist. Ich vermisse dich.

Warum gibst du dich mit mir ab?

Weil ich dich liebe. Ich habe dich immer geliebt. Und ich werde dich immer lieben. Auch wenn du dir über deine Hobbys Gedanken machst, anstatt dir Zeit für mich zu nehmen. Du hättest übrigens besser mit der Position für den Runningback beginnen sollen.

Ich weiß nicht, wie es Ihnen geht, aber ich frage mich, ob eine wirkliche Begegnung mit Jesus, von Angesicht zu Angesicht, tatsächlich etwas daran ändern würde, wie ich meinen Alltag lebe. Natürlich vermute ich, dass mir ein solches Gespräch neue Energie verleihen würde, daher ist die nächste Frage recht einfach: Warum führe ich nicht längst regelmäßig solche Gespräche mit Jesus? Ich habe sein Wort, das ich lesen kann, in meinem Leben wohnt die Gegenwart des Heiligen Geistes und ich habe Glaubensgeschwister, mit denen ich Erfahrungen teilen kann. Ich habe alles, was ich brauche, um in puncto Gott und Glaube eine Erfolgsgeschichte zu werden. Warum aber verhalte ich mich nicht entsprechend?

Ich glaube, es liegt daran, weil ich den Glauben und das Vertrauen viel zu kompliziert mache. Jesus sagte nicht, wir sollten jedes theologische Jota ausschöpfen. Er sagte nicht: „Bring Ordnung in dein Leben, dann werde ich dich als würdigen Nachfolger ansehen." Oder: „Setze dich und andere unter Druck, um besseres Verhalten zu erzielen und das Abzeichen der Gerechtigkeit zu verdienen." Er sagte einfach: *„Folge mir nach."* Und das nicht einmal, sondern er betonte es regelmäßig:

- *„Kommt, folgt mir nach! Ich werde euch zu Menschen machen, die andere für Gott gewinnen" (Matthäus 4,19).*
- *„Doch Jesus erwiderte: ‚Komm jetzt mit mir und überlass es den Toten, ihre Toten zu begraben!'" (Matthäus 8,22).*
- *„Danach sagte Jesus zu seinen Jüngern: ‚Wer zu mir gehören will, darf nicht mehr sich selbst in den Mittelpunkt stellen, sondern muss sein Kreuz auf sich nehmen und mir nachfolgen'" (Matthäus 16,24).*
- *„Und dann komm und folge mir nach!" (Matthäus 19,21).*
- *„Als Jesus am nächsten Tag nach Galiläa gehen wollte, traf er unterwegs Philippus. Auch ihn forderte er auf: ‚Komm, folge mir nach!'" (Johannes 1,43).*
- *„Wer mir dienen will, der soll mir nachfolgen" (Johannes 12,26).*
- *„Jesus erwiderte: ‚Wenn ich will, dass er so lange lebt, bis ich*

wiederkomme, was geht es dich an? Folge du mir nach!'" *(Johannes 21,22).*

- *„Jesus forderte ihn auf: ‚Komm, folge mir nach!' Sofort stand Matthäus auf und ging mit ihm" (Matthäus 9,9).*

Um es mit den unsterblichen Worten von „Forrest Gump" aus dem gleichnamigen Spielfilm zu sagen: „Ich bin kein kluger Mann." Doch genau wie Forrest Gump habe ich einen ausgeprägten Sinn für das Offensichtliche: *Jesus fordert mich auf, ihm zu folgen.* Dazu gehört kindliches Vertrauen meinerseits. Den Rest werden wir gemeinsam herausfinden, während ich ihm in völligem Vertrauen nachfolge.

Ich bin, sofern man es freundlich ausdrückt, ein langsamer Lerner. Ich kann nicht glauben, wie lange ich brauchte, um zu beginnen zu begreifen, was Gottes Gnade bedeutet und wie viel Freiheit sie mir bringt. Doch um aus dieser Wahrheit heraus zu leben zu beginnen, musste ich ihr vertrauen. Glücklicherweise habe ich ein lebendes, atmendes, fellbedecktes Beispiel des Vertrauens in meinem Haus. Hannah war insofern wie ein geduldiger Blindenhund, der mich durch meine Blindheit in Sachen Vertrauen hindurchführte.

Als unser Besuch bei meinem Enkel in Waco zu Ende ging, machte ich den Wagen startklar und rief dann nach meiner Begleiterin: *„Komm, Hannah!"* Sie zögerte nicht. Ohne auch nur den Anschein von Zurückhaltung zu vermitteln, sprang sie in den Wagen und kuschelte sich in ihre Decke.

Während unserer Rückfahrt wurde mir eins ganz klar: Ich sollte keine Angst haben, wenn Jesus mich auffordert, ihm nachzufolgen. Wenn er sagt: „Folge mir nach", sollte meine Antwort ganz einfach lauten: „Ich komme."

10

Authentisch leben

„Um das Leben mit einen Hund wirklich
genießen zu können, muss man nicht nur versuchen,
ihn zu einem halben Menschen zu machen.
Es geht darum, sich der Möglichkeit zu öffnen,
selbst zum Teil ein Hund zu werden."

– Edward Hoagland –

„Heute ist es genau 212 Tage her, dass wir uns für Hannahs Operation entschieden haben. Der Morgen war frisch und sonnig; er lud geradezu zum täglichen Spaziergang ein. Hannah leidet bisher noch nicht an offenkundigen Krebssymptomen. Vielleicht schläft sie tagsüber ein bisschen mehr als früher, doch wenn ich meine Wanderschuhe und meine warmen Sachen anziehe, fängt Hannah an vor Vorfreude zu beben. Sie rennt dann ein paarmal vom Badezimmer zum Wohnzimmer und zurück, um mir ihre ganze Ungeduld zu zeigen. Anschließend läuft sie zur Haustür, verharrt dort im Sitz und wartet gespannt auf unseren Spaziergang. Sie ist zwar nicht ganz gesund, aber voll und ganz lebendig."

Auch wenn Hannah nach neun Jahren das Ritual kennt, sie ist jedes Mal begeistert, wenn der tägliche Spaziergang ansteht. Sobald wir draußen sind, beginnt sie ausgiebig zu schnüffeln und alle Gerüche entlang des Weges zu erkunden. Während ich sie beobachte, frage ich mich: *Wie wäre es, wenn ich einen solchen Geruchssinn hätte? Einerseits wäre das wohl toll; andererseits aber auch nicht.* Während ich noch in meinen Überlegungen stecke, muss ich plötzlich stehen bleiben. Hannah hat eine Stelle mit einem interessanten Geruch entdeckt, der näheres Graben und Erkunden erfordert.

Hannah ist heute recht aufmerksam unterwegs. Jeder von uns hat die Möglichkeit, Lebendigkeit auszustrahlen, selbst wenn die eigene körperliche Gesundheit beeinträchtigt ist. Andrew Peterson schrieb einmal einen beeindruckenden Song mit dem Titel „Queen of Iowa", in dem er eine sterbende Frau besingt, die „mit allem, woran sie sterben würde, lebendiger war als die anderen".[1]

Ich zog sanft an der Leine, um mit Hannah weiterzugehen, und sie passte sich wieder meinem Schritt an. Wir gingen an einigen Hunden in der Nachbarschaft vorbei, die am Gartenzaun entlangrannten und uns wütend anbellten. Hannah schien sich über diese Energieverschwendung zu amüsieren. Sie ist weder ein Kläffer noch ein Jäger, sie ist ein Retriever. Und das zeigt sich in ihrem Verhalten: Wirft man einen Ball, jagt sie dem Ball hinterher, bringt ihn zurück, lässt ihn fallen und wartet auf eine zweite Runde. So wie es Retriever eben lieben. Sie lieben es zu apportieren. Und ihr Instinkt sagt Hannah, dass sie den Gegenstand in ihrem Maul sanft halten muss. Sie ist genetisch so programmiert, dass sie weiß, heftiges Kauen würde das Objekt beschädigen.

Retriever lieben es zu schwimmen, zu rennen und zu apportieren. Das ist ihre Bestimmung. Hannah versucht gar nicht, irgendetwas anderes zu machen. Schon als Welpe jagte sie hinter allem her, was wir in ihre Richtung warfen, und brachte es eifrig zurück. Wir mussten das gar nicht mit ihr trainieren. Es war ihre Bestimmung und Leidenschaft. Für sie war es so natürlich wie das Atmen.

Auch ich bin als Mensch mit einer Bestimmung von Gott geschaffen worden. Tatsächlich hat jeder Mensch eine von Gott gegebene Bestimmung, ob die Menschen es glauben oder nicht. Henri Nouwen schrieb einmal darüber:

„Wir sind uns nur selten dessen bewusst, dass wir dazu bestimmt sind, von Gott gegebene Aufgaben zu erfüllen. […] Wir verhalten uns, als hätte man uns einfach in die Schöpfung hineinfallen lassen, um zu beschließen, wie wir uns gut unterhalten können, bis wir sterben. Doch wir wurden von Gott in die Welt gesandt, genau wie Jesus in die Welt gesandt wurde. Wenn wir beginnen, unser Leben aus dieser Perspektive heraus zu leben, dann werden wir bald herausfinden, wozu wir gesandt sind.“[2]

Aus der Bestimmung heraus zu leben ist befreiend! Der Apostel Paulus hatte sich über dieses Thema Gedanken gemacht, als er an die Gemeinde in Ephesus schrieb:

> *„Denn nur durch seine unverdiente Güte seid ihr vom Tod gerettet worden. Das ist geschehen, weil ihr an Jesus Christus glaubt. Es ist ein Geschenk Gottes und nicht euer eigenes Werk. Durch eigene Leistungen kann ein Mensch nichts dazu beitragen. Deshalb kann sich niemand etwas auf seine guten Taten einbilden. Was wir jetzt sind, ist allein Gottes Werk. Er hat uns durch Jesus Christus neu geschaffen, um Gutes zu tun. Damit erfüllen wir nun, was Gott schon im Voraus für uns vorbereitet hat“ (Epheser 2,8–10).*

Denken Sie einmal darüber nach! Wir sind durch Gnade vom Tod errettet. Das ist ein Geschenk, das wir uns nicht verdienen konnten. Und nun sind wir eine neue Schöpfung, ein Meisterwerk Gottes, für das er im Voraus Dinge vorbereitet hat. Wie kann da ein Christ Probleme mit seinem Selbstbild haben? Nur dann, wenn er Lügen glaubt.

Als Christ ist man dazu geschaffen, Gemeinschaft mit Gott zu haben und ihn zu verherrlichen. Man hat eine von Gott gegebene

Bestimmung empfangen. Insofern kann ich sagen, dass sich meine geistliche DNA, als ich Christ wurde, grundsätzlich verändert hat, denn ich habe Vergebung erfahren und wurde zu einer neuen Schöpfung. Ich wurde durch Jesus gerechtfertigt und erhielt den Trost und die Leitung des Heiligen Geistes. Aber ich muss zugeben: Ich lebe nicht immer aus dieser Identität heraus. Freunde von mir (*Truefaced*[3]) bringen das treffend auf den Punkt: *Gott will nicht, dass ich mich ändere. Er hat mich bereits geändert. Er will, dass ich aus der neuen Identität heraus lebe, die er mir geschenkt hat.* Und Hannah hilft mir das zu verstehen – wie töricht es ist, aus einer falschen Identität heraus zu leben zu versuchen.

Authentisch zu leben bedeutet, Gott und anderen gegenüber ehrlich zu sein, was meine Sünde betrifft. Doch mein Stolz bringt mich dazu, die Dinge so zu drehen, dass die anderen sehen, was ich sie sehen lassen will. Ich verberge meine Sünde und tue so, als ob alles in Ordnung wäre. Ich gebe vor, alles unter Kontrolle zu haben. Mein Bedürfnis, mein Image zu manipulieren, ist aber falsch und wirkt sich in Sachen hingegebener Nachfolge kontraproduktiv aus. Ich weiß zwar, dass ich vertrauen sollte, aber allzu oft versuche ich Gott mit einem cleveren Rat zu „helfen", seine Bestimmung für mich zu erfüllen. Das ist genauso töricht, als würde Hannah sich neben mich setzen und darauf warten, dass ich dem Ball hinterherjage.

Als ich damit anfing, meine Gedanken über Verlust und über die Lektionen, die mir meine Hündin beibringt, aufzuschreiben, hörte ich eine jener Stimmen, von denen ich in Kapitel 8 sprach: „Weißt du, du könntest wahrscheinlich mehr Leser erreichen, wenn du weniger über Jesus schreiben würdest." Ich hörte ihr zu. *Hm. Vielleicht sollte ich meine Gedanken über Jesus ein wenig reduzieren. Umfragen zufolge glauben mehr als 90 Prozent der Menschen an irgendeinen Gott, doch nicht jeder kann etwas mit Jesus anfangen. Vielleicht hat die*

Stimme recht. Vielleicht sollte ich das Ganze etwas allgemeiner halten? Dann könnte ich mehr Bücher verkaufen …

Die heutige Lektion hat mich zur Vernunft gebracht. Es gehört zu meiner Identität, das Leben und Verluste durch meinen Glauben an Christus zu bewältigen. Ich muss aus dieser Wahrheit heraus leben, ohne Kompromisse.

Hannah muss sich überhaupt keine Mühe geben, ihre Identität zu leben. Für mich dagegen ist es nicht so einfach, denn ich kämpfe ständig um Kontrolle. Ich habe das Bedürfnis, Gottes Willen herauszufinden, anstatt einfach in Abhängigkeit von ihm zu leben und seinen Geist meine Schritte lenken zu lassen. Ich versuche Gott zu zeigen, wie viel ich leisten kann und versuche ihm zu gefallen, indem ich noch mehr tue. Das ist ungefähr so sinnvoll, als wenn Hannah meinte, sie könnte Autofahren.

Ich will damit sagen, es ist lächerlich zu meinen, ich könnte Gott beeindrucken, indem ich mich unermüdlich anstrenge. Ich gefalle Gott vielmehr, wenn ich ihm mehr vertraue. Seine Gunst ist nicht durch Leistung zu verdienen.

Hannah empfindet jeden Tag Freude daran, einfach aus ihrer Identität heraus zu leben. Sie jagt einem Ball nach und bringt ihn zurück und genießt die Gerüche am Wegesrand während eines Spaziergangs. Oder sie stupst Herrchen oder Frauchen an, um gekrault zu werden.

Ich möchte lernen, so einfach zu leben und damit zufrieden sein, dass ich die Person bin, zu der Gott mich erschaffen hat. Ich möchte Freude und Begeisterung spüren, indem ich ganz einfach mit Gott unterwegs bin. Und ich möchte in fröhlicher Gemeinschaft in seiner

Gemeinde unterwegs sein, helfend und dienend, während wir als Gläubige gemeinsam vorwärtsgehen. Ich möchte regelmäßig innehalten, um die Düfte, den Anblick und die Majestät der Natur zu genießen. Ich möchte ein weiches Herz haben und jede Gelegenheit nutzen, um die Menschen zu umarmen und zu lieben, mit denen Gott mich auf diesem Planeten gesegnet hat.

In seinem Buch *The Cure*, das er gemeinsam mit Bruce McNicol und Bill Thrall geschrieben hat, fasst John Lynch eine unserer größten menschlichen Ängste zusammen: „Niemand hat mir gesagt: Wenn du eine Maske trägst, empfängt nur die Maske Liebe."[4]

Haben Sie nie diese Angst gespürt? *Wenn ich die Maske abnehme, werden die anderen mich nicht mögen und schon gar nicht lieben.* Tatsächlich kann eine echte Beziehung erst dann entstehen, wenn wir die Maske abnehmen und anderen erlauben, uns zu lieben.

Denn legen wir unser wahres Ich offen, sehen unsere Lieben unser wahres Ich und nicht länger einen Darsteller, der sich bemüht, sich so durch Probleme zu kämpfen, wie man es von einem reifen Gläubigen „erwartet". Ohne unsere Maske sehen andere, wie es uns wirklich geht. *Und nur dann* können sie uns angemessen lieben. Wir brauchen nicht „tapfer" oder „heiter" oder „unerschütterlich" zu sein. Wir dürfen traurig, einsam oder deprimiert sein. Das gehört zu unserem menschlichen Wesen, zu unserer Bestimmung.

Glaube entmenschlicht uns nicht. Auch als Gläubige haben wir Gefühle, fühlen uns verletzt, weinen, sind entmutigt, erleben Wüstenperioden und haben schlechte Tage. Wenn wir das annehmen und zeigen, dass wir verletzlich sind und wie wir uns wirklich fühlen, dann können andere für uns beten, uns lieben und mit uns durch das

Tal gehen. Unsere Offenheit gibt ihnen die Möglichkeit, in aufrichtiger Gemeinschaft mit uns zu leben. Der Schriftsteller C. S. Lewis sagte einmal, Freundschaft beginne in dem Moment, da eine Person zur anderen sagt: „Was? Du auch? Ich dachte, ich wäre der Einzige.“[5] So ist es: Jedes Mal, wenn wir unsere Maske abnehmen, entsteht eine Verbindung zu unserem Gegenüber. Erst dann werden ehrliche Bedürfnisse sichtbar und ein Mensch kann in Liebe darauf antworten.

Nehmen Sie die Maske ab! Hören Sie mit dem Vortäuschen auf und akzeptieren Sie, wer Sie sind und wohin Gott Sie gestellt hat. Leben Sie Ihre Identität, Ihre Bestimmung! Hannah zeigt mir das jeden Tag. Sie wacht nicht auf mit dem Entschluss, durch Mut und Disziplin ein Hirtenhund zu werden. Sie lebt das, wozu sie geschaffen wurde.

Ich bin es leid, mit dem Entschluss aufzuwachen, durch Mut und Disziplin besser werden zu wollen. Jesus sagt mir schließlich, dass ich bereits gerechtfertigt bin. Ich bin erlöst. Ich bin ein Heiliger. Also lerne ich besser zu vertrauen, was Jesus über mich sagt, und aus dieser Wahrheit heraus zu leben. Und das Gute daran: Es bedeutet Freiheit. Denn jeder, der einfach aus seiner wahren Identität heraus lebt, wird erleben, dass sein Herz zur Ruhe kommt. Stimmt's?

11

Dankbarkeit beginnt mit einer Haltung

„Nimmt man einen sterbenden Hund
bei sich auf und päppelt ihn auf, dann wird er einen
nicht beißen. Das ist der Hauptunterschied zwischen
einem Hund und einem Menschen."

– Mark Twain, in „Pudd'nhead Wilson" –

„Jeder Morgen bringt den gleichen Ablauf mit sich: Hannah steht von ihrem weichen Kissen auf, streckt sich und trottet zögerlich auf die Haustür zu. Wir sind beide keine Senkrechtstarter am frühen Morgen. Langsam schleicht sie nach draußen und verrichtet ihr Geschäft. So viel zur Routine. Dann bleibt sie stehen, dreht sich um, schaut zur Tür zurück und verwandelt sich. Aus dem Bummelgang wird erst ein flotter Gang, schließlich eine Raserei, um nach Hause zurückzukehren: Es gibt Frühstück."

Für Hannah ist das Frühstück ein aufregendes Ereignis. Ihre Augen leuchten dann schon vor Vorfreude. Sie beobachtet jede meiner Bewegungen und schiebt sich ungeduldig zentimeterweise vorwärts, wenn ich abgelenkt bin. In ihren Augen ist das Servieren des Frühstücks die wichtigste Tat meines Tages. Jedenfalls bis zum Abendessen. Wenn ihr Futter in den Napf kommt, schaut sie mich erwartungsvoll an – bis ich ihr das Kommando gebe, dass sie fressen darf. Dann taucht sie in das Futter ein wie ein Torten-mampfender Champion auf dem Jahrmarkt.

Nachdem ich Hannah heute ihr Futter gegeben hatte, nahm ich mir einen Moment Zeit, um über die Quelle ihrer aufgeregten Vorfreude nachzudenken. Als wir zum ersten Mal Hannahs Diagnose erfuhren, habe ich ein paar Nachforschungen angestellt und herausgefunden, dass das Wachstum des Krebses bei Hunden verlangsamt werden kann, wenn man ihnen keine Kohlehydrate mehr gibt. Also stellten wir Hannah auf eine protein- und fettreiche Nahrung um. Seitdem hat sie jeden Tag dieses Futter bekommen.

Heute war es der 274. Tag seit der Diagnose, also starrte sie zum 547. Mal auf dasselbe Futter in ihrem Napf. Und doch hüpft sie aufgeregt hin und her und wedelt mit dem Schwanz, während ich das Trockenfutter abmesse. Wenn ich mir dabei etwas zu viel Zeit lasse, beginnt sie tatsächlich zu sabbern.

Stelle ich anschließend den Napf vor Hannah hin, wartet sie und schaut mich mit einem ganz besonderen Blick an. *Will sie etwa, dass ich ein Dankgebet spreche?* Ich kann ihre Körpersprache nicht deuten. Egal. Sie scheint irgendwie dankbar zu sein, dass ihr Napf mit dem immer gleichen Futter gefüllt ist.

Ich persönlich habe nichts einzuwenden gegen das sogenannte „Resteessen" vom Vortag, wenn etwas übrig geblieben ist. Aber wenn man mir fünf- oder sechsmal hintereinander Lasagne serviert, werde ich schon etwas grummelig. Ganz zu schweigen, wenn es ein 500. Mal wäre!

Während Hannah also zufrieden ihr Frühstück verschlang, wurde mir eine weitere Haltung bewusst, die ich von ihr lernen konnte: täglich dankbar zu sein.

Manche Stimmen behaupten, mangelnde Dankbarkeit sei ein modernes Phänomen. Der anglikanische Priester und englische Dichter George Herbert drückte aber schon im 17. Jahrhundert eine Bitte in dem folgenden Gebet aus, die da lautet: „Du hast mir so viel gegeben, gib mir eines noch: ein dankbares Herz."[1] Hannah zeigte jeden Morgen, jeden Tag und jede Nacht Dankbarkeit. Und ich? – Nicht wirklich.

Ich nehme Segen, der mir widerfährt, gerne an. Ich sage dann: „Danke, Herr!“ Aber wenn die Dinge nicht so gut laufen, was kommt dann als Erstes in meinen Gedanken auf? – *Warum ich, Herr?*

Ich vermute, dass die meisten von uns sich diese Frage schon einmal gestellt haben, gefolgt von einem Gedanken in dem Stil wie: „Ich verdiene es nicht, dass mir das passiert. Schau nur, was ich alles für dich tue, Herr!“

Während meines Morgenspaziergangs mit Hannah musste ich an ein Lied von Kris Kristofferson denken: „Why me“ (Warum ich?) war einer meiner Lieblingssongs als junger Christ 1973. Kristofferson schrieb das Lied während einer schwierigen Phase in seinem Leben. Allerdings fragt er in dem Lied Gott nicht, warum er Schwierigkeiten zulässt, sondern er fragt ihn, warum er so viele unverdiente Segnungen empfangen hat: „Was habe ich schon getan, um auch nur eine der Freuden zu verdienen, die mir widerfahren ist?“

Wie wahr. Was habe ich schon getan, um auch nur eine von Gottes Segnungen zu empfangen?

Ich habe Vergebung nicht verdient. – Sie ist ein Geschenk der Gnade eines liebenden Gottes.

Ich habe es nicht verdient, in den Vereinigten Staaten zur Welt gekommen zu sein, einem Land, in dem ich Komfort, Religionsfreiheit und viele andere Freiheiten genießen darf.

Ich habe es nicht verdient, gesund geboren worden zu sein, während andere mit chronischen Schmerzen und Krankheit leben.

All diese Dinge sind Segnungen, die ich empfangen habe, ohne bei Gott nachzufragen: „Warum ich, Herr?“ Verstehen Sie, was ich meine? Man sollte diese Frage, die so oft gestellt wird, öfter mal aus dieser völlig gegenteiligen Perspektive heraus stellen: „Warum ich, Herr? Warum verdiene ich diesen Segen?“

Die Antwort darauf macht demütig.

Es ist leider so, dass manche Menschen ein unverhältnismäßig hohes Maß an Not und Schwierigkeiten durchmachen müssen, was für unsere westliche Mentalität ungerecht zu sein scheint. Doch die Theologie, dass treue Christen kontinuierlichen Wohlstand, vollkommene Gesundheit und grüne Ampeln an jeder Weggabelung vorfinden, ist eine Lüge aus der Hölle.

Hiob beispielsweise hatte allen Grund, wütend zu sein und Gott anzuklagen. Seine Frau riet ihm sogar, seinen Glauben aufzugeben:

> *„‚Na, immer noch fromm?', wollte seine Frau wissen. ‚Verfluch doch deinen Gott und stirb!' Aber Hiob sagte nur: ‚Was du sagst, ist gottlos und dumm! Das Gute haben wir von Gott angenommen, sollten wir dann nicht auch das Unheil annehmen?' Selbst jetzt kam kein böses Wort gegen Gott über Hiobs Lippen" (Hiob 2,9–10).*

Tom Cuppett, mein Basketballtrainer an der Chillicothe-Highschool in Südohio war ein Gewinnertyp – ein großartiger Lehrer, der gut motivieren konnte. Er trug wesentlich zu meiner persönlichen Entwicklung bei. Doch er schrie mich beim Basketball oft an. Es schien, als könnte ich ihm nie etwas recht machen. Wir spielten und gleich ertönte die Pfeife. „Burchett, was machst du da?" Er nahm mich und die anderen zur Seite und erklärte uns, wie das Spiel laufen sollte.

Nach der Saison im vierten Jahr an der Highschool rief mich Trainer Cuppett in sein Büro. „Ich muss dir etwas sagen. Erinnerst du dich daran, wie ich immer mit dir schimpfte und jedes Spiel erneut mit dir durchging?"

Ich grinste. „Wenn man nichts richtig macht, vergisst man das nicht so leicht."

„In Wahrheit war es Jimmy, der ständig Fehler machte und nicht du“, offenbarte mir Cuppett. „Er konnte allerdings nicht so gut mit Kritik umgehen wie du. Also schrie ich dich an und nahm euch beide zur Seite, um euch den Spielverlauf zu erklären, ohne dass Jimmy sein Selbstvertrauen verliert.“

Ich war sehr überrascht und sagte: „Es wäre schön gewesen, zu wissen, warum ich so oft die Zielscheibe war.“

„Das konnte ich dir damals nicht sagen. Aber ich vertraute dir, dass du weitermachen würdest. Und das hast du getan. Deine Fähigkeit mit Widrigkeiten umzugehen hat letzten Endes Jimmy, dich und unsere Mannschaft besser gemacht.“

Während der Highschool akzeptierte ich, was ich durchmachen musste, um unser Ziel zu erreichen, nämlich zu gewinnen. Auch wenn ich Trainer Cuppetts Methode damals nicht besonders mochte. Ich war stolz, als er mir später dann erklärte, wie sehr er meine Einstellung schätzte, dass ich ihm vertraute, obwohl die Dinge nicht „fair“ zu sein schienen.

Wie viel mehr darf ich Gott vertrauen, der mich so sehr liebt, dass er mir sogar Gnade anbietet, obwohl ich nichts vorzuweisen habe? Vielleicht lässt er eine Prüfung ja zu, weil er genau weiß, dass ich durchhalten und treu sein werde und dass er dadurch geehrt wird? Vielleicht wird er mich eines Tages dann in sein Büro rufen und mir erklären, dass er diese Widrigkeiten nur zuließ, um seine Ehre widerzuspiegeln, und dass meine Belohnung den vorübergehenden Schmerz bei Weitem übertreffen wird? Wenn ich einem Trainer vertrauen darf, dann auch ganz sicher meinem himmlischen Vater. Mein Freund Ed Underwood drückt das in seinem Buch *When God Breaks Your Heart* treffend aus:

„Könnte es sein, dass ein Teil der Antwort auf die Frage *Warum ich?* darin besteht, dass Jesus im Begriff ist, etwas Wundervolles zu tun, was unser Vorstellungsvermögen übersteigt? Könnte es sein, dass Ihr Kummer dazu bestimmt ist, auf so einzigartige und atemberaubende Weise Ihren Erlöser zu verherrlichen, dass es keinen anderen Weg gibt? Das ist die Botschaft des Apostels Johannes: Jesus macht keine Fehler mit seinen Nachfolgern."[2]

Ich liebe diesen Satz: *Jesus macht keine Fehler mit seinen Nachfolgern.* Für die kleinen Segnungen des Lebens dankbar zu sein, ist leicht. Allerdings fällt dies sehr schwer, wenn man mit voller Wucht von Widrigkeiten getroffen wird. Ich finde, C. S. Lewis fasst treffend zusammen, wie eine Antwort dann lauten kann:

„Wir sollten für jedes Geschick dankbar sein: Wenn es ‚gut' ist, dann dafür, dass es gut ist, wenn es ‚schlecht' ist, dann dafür, dass es uns Geduld, Demut und die Missachtung dieser Welt sowie die Hoffnung auf unser ewiges Zuhause lehrt."[3]

Die Hoffnung auf unser ewiges Zuhause – was für ein wundervoller Gedanke! Diese Erde ist nicht unser Zuhause. Joni und ich hätten sicher bitter werden können, als unsere einzige Tochter Katie mit einem schweren Geburtsfehler zur Welt kam. Wir hätten uns auch dazu entschließen können, dankbar zu sein, weil sie viele Monate länger lebte als erwartet und wir durch sie so gesegnet wurden, wie wir es zu Beginn dieser Katastrophe nicht hätten ahnen können. Wir hätten auch darüber wütend sein können, dass die moderne Medizin für ihren Geburtsfehler keine Lösung zu bieten hatte. Wir hätten aber auch dankbar sein können, dass sie vollständig geheilt wurde, als sie in der ewigen Herrlichkeit ankam. Gott stellte Katies Leben auf eine

Weise wieder her, die wir uns in unserer anfänglichen Trauer nicht hätten vorstellen können.

Wir mussten eine Entscheidung treffen, als unsere Tochter mit einem Defekt des Neuralrohrs zur Welt kam und nur vierzehn Monate am Leben blieb. Wir kämpften mit Zweifeln, Wut und Trauer. Wir waren tieftraurig. Aber wir beschlossen, Gott durch den Sturm hindurch zu vertrauen. Ich will keineswegs behaupten, wir hätten viel geistliche Kraft oder Reife bewiesen. Wir hatten vielmehr Angst und stützten uns auf die einzige Quelle der Kraft, die uns zur Verfügung stand.

Manche Christen reagieren auf Tragödien mit einem gefestigteren Glauben. Andere wenden sich wütend von Gott ab und kehren vielleicht nicht mehr zu ihm zurück. Was macht den Unterschied aus? Vielleicht kann uns ein Gleichnis Aufschluss geben, das Jesus im Matthäusevangelium erzählt. Denn tritt ein Sturm im Leben auf, dann ist das Entscheidende das Fundament, auf das man seinen Glauben aufgebaut hat.

> *„Wer nun auf das hört, was ich gesagt habe, und danach handelt, der ist klug. Man kann ihn mit einem Mann vergleichen, der sein Haus auf felsigen Grund baut. Wenn ein Wolkenbruch niedergeht, das Hochwasser steigt und der Sturm am Haus rüttelt, wird es trotzdem nicht einstürzen, weil es auf Felsengrund gebaut ist. Wer sich meine Worte nur anhört, aber nicht danach lebt, der ist so unvernünftig wie einer, der sein Haus auf Sand baut. Denn wenn ein Wolkenbruch kommt, die Flüsse über ihre Ufer treten und der Sturm um das Haus tobt, wird es einstürzen; kein Stein wird auf dem anderen bleiben“ (Matthäus 7,24–27).*

Als ich in meinem Leben mit dem Verlust konfrontiert wurde, habe ich beide Fundamente ausprobiert. Meine frühe Theologie bestand darin, mich auf den losen Sand der eigenen Anstrengungen und der Selbstdisziplin zu stützen. Als der Sturm kam, brach mein „Glaubenshaus" wie ein Kartenhaus zusammen. Als ich dann begann, auf dem Fundament der Identität eines Kindes Gottes und des Vertrauens auf Gott zu bauen, hielt mein Glaubenshaus den Stürmen stand. Der Sturm traf mich zwar mit voller Wucht, aber das Haus blieb stehen.

Woraus besteht dieses Fundament? – Ich würde sagen, aus den folgenden Steinen:

Gott ist allmächtig.
Gott ist allwissend.
Gott ist Liebe.
Gott ist heilig.
Gott ist gut.
Gott ist gerecht.
Gott ist Gnade.
Gott ist souverän.
Gott ist unveränderlich.
Gott ist Freude.
Gott ist Vergebung.
Gott ist Wahrheit.
Gott ist geduldig.

Beginnen Sie also damit, auf das Fundament dessen aufzubauen, was Gott in seinem Wort über sich selbst sagt. Steven Curtis Chapman und seine Frau Mary Beth verloren ihre Tochter Maria 2008 bei einem tragischen Unfall. Der Sänger und Songschreiber griff auf das biblische Fundament zurück, indem er über die Eigenschaften Gottes nachdachte, während er zugleich mit der Frage rang, wo Gott gewesen war, als die Tragödie passierte. Das Ergebnis war das Album *Beauty will rise (Schönheit wird sich erheben)*, darunter der Song „God is it true (Trust Me)“ (Gott, ist es wahr? [Vertrau mir]). Chapman kommt zu der Schlussfolgerung: Wenn das, was die Bibel sagt, die Wahrheit ist, dann flüstert Gott uns zu, ihm zu vertrauen, egal was passiert.

Wir wollen immer Antworten finden. Wir spüren das Bedürfnis und meinen sogar das Recht zu haben, zu begreifen, warum etwas geschieht. Anders gefragt: Ist Gott vollkommen souverän, oder verfüge ich vollständig über einen freien Willen? Die Logik sagt uns, dass entweder das eine oder das andere wahr ist. Gott aber sagt, dass beides wahr ist. Insofern können wir dieses Mysterium nicht ergründen.

> Wenn das, was die Bibel sagt, die Wahrheit ist, dann flüstert Gott uns zu, ihm zu vertrauen, egal was passiert.

Mit Tragödien verhält es sich genauso. Wir können nicht verstehen, wie ein liebender Gott eine herzzerreißende Tragödie zulassen kann. Wir stellen seine Güte infrage. Doch stellen Sie sich vor, Gott war bei Maria Chapman, als sie getötet wurde. Stellen Sie sich vor, wie er sie in seine Arme nahm und sie bei ihrem Namen rief und zu ihm in die Herrlichkeit holte.

Wir können nicht verstehen, wie Gott die Grausamkeit dieses gefallenen Planeten nehmen und zum Guten wenden kann. Aber er kann.

Wir haben das mit unserer Tochter Katie erlebt, deren Geschichte Tausende berührte. Steven und Mary Beth Chapman haben Hunderttausenden geholfen, den niederschmetternden Verlust eines Kindes zu bewältigen. Die ewigen Auswirkungen des Todes der kleinen Maria Chapman sind unermesslich. Gott hat diese Traurigkeit wettgemacht. Maria wartet nun in der Herrlichkeit auf ihre Eltern und

Geschwister. Die Trauer war zwar noch da, doch die Chapmans hatten sich dafür entschieden, Gott mittendrin zu vertrauen.

Wenn das Evangelium wahr ist – und daran glaube ich –, dann fordert Gott uns auf, ihm zu vertrauen. Seine Wege sind nicht unsere, und sein Zeitplan ist ganz sicher nicht der unsrige. Aber seine Liebe ist real. Brauchen Sie dafür einen Beweis? Schauen Sie auf das Kreuz! Gott sah dort seinen Sohn im Todeskampf aufschreien, obwohl er die Macht hatte, dessen Leiden zu beenden. Und denken Sie an das, was Christus am Kreuz getan hat. Seinetwegen stehen uns die Geschenke der Gnade offen:

Vergebung vergangener, gegenwärtiger und künftiger Sünden.
Eine völlig neue Identität.
Gerechtigkeit.
Der Heilige Geist.
Freiheit.
Ewiges Leben mit Gott im Himmel.

All diese Gnadengaben sind beschlossen und besiegelt und gehören uns, ohne Kleingedrucktes. Die Eigenschaften Gottes mit den Gnadengaben des Evangeliums zusammengenommen bilden ein Fundament, das Lebensstürme überstehen kann. Den Aussagen Gottes über ihn selbst zu glauben, zu begreifen, dass wir durch Christus eine neue Kreatur sind und aus diesen beiden Fundamenten heraus zu leben, beeinflusst maßgeblich, wie wir mit Schwierigkeiten und Verlusten fertigwerden. Und alles beginnt mit einfacher Dankbarkeit.

Heute Morgen nach dem Frühstück erlebte ich ein weiteres Bild für diese Wahrheit. Das Wetter war schrecklich. Kalte, feuchte, klirrend kalte Winde ließen die Aussicht auf einen Morgenspaziergang nicht sehr attraktiv erscheinen. Aber ich sah in die erwartungsvollen

Augen meiner Hündin Hannah, die schon zum Ausgehen bereit war. Also gingen wir.

Ich genoss das Wetter ganz und gar nicht, aber ich war dankbar dafür, einen weiteren Spaziergang mit meiner Hündin zu machen. Sie hatte mittlerweile die von unserer Tierärztin vorhergesagte Restlebenszeit bereits erheblich überschritten, und wer wusste schon, wie viele Gelegenheiten uns noch für einen Spaziergang blieben? Ich zitterte vor Kälte und war gleichzeitig mit Anbetungsliedern im Herzen unterwegs. Ich war unglücklich und froh zugleich.

Dankbarkeit als Lebenshaltung kann diese erstaunliche Kombination erzeugen, denn man kann sich für Dankbarkeit entscheiden, auch wenn man gerade durch eine Talsohle geht. Dankbarkeit nährt unsere Motivation, für Gott zu leben und ihm auch in dunklen Stunden zu vertrauen. Philip Yancey erinnert uns in seinem wundervollen Buch *What's So Amazing About Grace?* daran, warum dies absolut sinnvoll ist:

„Wenn wir begreifen, was Christus für uns getan hat, dann werden wir voller Dankbarkeit danach streben, so zu leben, dass wir uns dieser Liebe ‚würdig' erweisen. Wir werden uns nach der Heiligkeit ausstrecken; nicht damit Gott uns liebt, sondern weil er es bereits tut."[4]

Entwickeln Sie eine Haltung der Dankbarkeit. Es wird Ihr tägliches Leben verändern. Neulich stieß ich auf einen Satz, der diese Haltung als mein neues Ziel treffend zusammenfasste: „Ich wünschte, ich könnte *alles Beliebige* so sehr genießen, wie mein Hund *alles* genießt."

Hannah lebt mit überschäumender Freude. Ich werde manchmal um Freude kämpfen müssen, wenn die Dinge nicht so gut laufen. Doch mein Hund lebt mir zweimal am Tag vor seinem Futternapf eine wertvolle Lektion vor: für jeden Bissen dankbar zu sein.

12
Die Knochen der Bitterkeit vergraben

„Irren ist menschlich,
aber vergeben ist hündisch."
– unbekannt –

„Heute zog ich meine Sportsachen an, um meine Frau in unserem Fitnessstudio zu treffen. Hannah sah mein T-Shirt, meine Sporthose und meine Turnschuhe. Ihr Hundegehirn ratterte und spuckte ein Wort aus: spazieren. Als ich dann aber ohne sie das Haus verließ, warf sie mir einen Blick zu, als hätte ich ihre Spielzeuge gerade in den brennenden Kamin geworfen. Sie ging zum Fenster und schenkte mir einen letzten traurigen Blick, um sicherzugehen, dass ich die Botschaft begriff. Eine Stunde später kamen Joni und ich nach Hause, und wer begrüßte uns? Hannah, mit einem Spielzeug im Maul und unvergleichlicher Freude. Die Hündin mit den traurigen Augen, die sich noch vor einer Stunde betrogen gefühlt hatte, war längst vergessen. Alles war vergeben."

Hannah kennt sich mit Vergebung aus. Hunde haben eine erstaunliche Fähigkeit, über das rüpelhafte Verhalten ihrer menschlichen Freunde hinwegzusehen. Der englische Autor George Eliot schrieb:

„Wir sehnen uns nach einer Zuneigung, die unsere Fehler vollkommen ignoriert. Der Himmel hat uns unter anderem eine solche Zuneigung mit der bedingungslosen Liebe von Hunden geschenkt."

Wie wäre es mit einem kleinen Experiment, um herauszufinden, wer Sie zu Hause am meisten liebt? Mal angenommen, Sie sperren Ihren Ehepartner (oder ein anderes Familienmitglied) und Ihren Hund dreißig Minuten lang im strömenden Regen aus. Wenn Sie dann wieder die Tür öffnen, wer freut sich wohl am meisten, Sie zu sehen?

Vergebung ist möglicherweise die unnatürlichste Sache, zu der Gott uns auffordert. Denn unser verwundetes Herz schreit nach Gerechtigkeit und Vergeltung. Doch Jesus fordert uns auf zu vergeben.

Gott in seiner grenzenlosen Weisheit weiß allerdings ganz genau, wie wir gestrickt sind. Vergebung ist daher in erster Linie ein Geschenk, das zu *unserer* Heilung beiträgt und erst in zweiter Linie für die andere Person gedacht. Und ein Teil des Heilungsprozesses in Beziehungen besteht darin, alte Wunden zu behandeln, die überwunden und vergessen werden müssen.

Als ich davon erfuhr, dass meine Mutter mit erheblichen gesundheitlichen Problemen zu kämpfen hatte, wurde mir bewusst, dass ich einige Dinge angehen musste, die ich tief in meinem Herzen verborgen hatte. Ich konnte mich entscheiden, dies sofort zu tun oder aber mit weitaus mehr Schmerz das Ganze auf später zu verschieben. Folgendes Zitat aus dem Buch *True Faced* bringt es klar zum Ausdruck: „Wir können sie ignorieren oder verdrängen, doch selbst wenn sie eine Weile schlummert, ungelöste Sünde wird stets lebendig begraben.“[1] Und diese lebendig begrabenen Dinge werden in den überraschendsten und emotional verheerendsten Momenten an die Oberfläche kommen.

Meine Mutter wuchs in einer gefühlskalten, anspruchsvollen Familie auf. Sie hörte nie die Worte „Ich liebe dich“, wurde nie in den Arm genommen oder erfuhr auf andere Weise körperliche Zuneigung. Stattdessen wurden die äußere Erscheinung und Leistung als hervorragende Qualitäten bewertet, die sie ihrerseits wiederum in der Familie hochhielt, in der ich aufwuchs. In diesem Umfeld hatte ich stets das Gefühl, zu kurz zu kommen und nie genug zu leisten. Ich hatte das Gefühl, als Person „nicht genug" zu sein. Selbst heute muss ich noch dagegen kämpfen, mich als „nicht genug" einzustufen, wenn bestimmte emotionale Trigger auftauchen. Mein Vater liebte mich, entschied sich jedoch dafür, die Philosophie „Frieden um jeden Preis" in der Familie zu leben, was mein Gefühl, unzulänglich zu sein, noch verstärkte. Letzten Endes führte das dazu, dass auch ich im Umgang mit meinen eigenen Söhnen ähnliche Fehler machte. Ich bemühte mich sehr, einige der negativen Bindungen meiner eigenen Geschichte zu durchbrechen, doch es gelang mir nicht immer.

Meine Mutter hatte das Beste gegeben, was sie mir in ihrer Situation geben konnte. Und Gott in seiner Gnade brachte mich dazu, meine eigenen Fehler und Unzulänglichkeiten als Vater zu erkennen und ihr zu vergeben. Sie wiederum vergab mir meine unangemessenen Erwartungen, die sie realistisch gesehen nicht erfüllen konnte. Nach unserem Gespräch spürte ich, wie die Erleichterung mein Herz und meine Seele durchflutete.

Manchmal geschieht Vergebung so reibungslos, aber oft ist es anders. Die Person gegenüber ist möglicherweise nicht kooperativ. Manchmal ist die Kränkung aber auch so furchtbar, dass Versöhnung nicht nur unwahrscheinlich, sondern im Prozess sogar gefährlich sein kann. Was dann? Bitte beachten Sie, dass es hier um Grundsätze der Vergebung und Versöhnung geht, die wir in Gottes Wort finden. Gott gibt uns zudem mithilfe seines Geistes und mithilfe unserer Glaubensgeschwister Urteilsvermögen. Ihre Situation erfordert vielleicht die Unterstützung und Weisheit Ihrer Gemeinde. Doch eines ist gewiss: Vergebung ist für jeden Heilungsprozess entscheidend. Wie die Vergebung im Einzelnen vor sich geht, ist jedoch so einzigartig wie Ihre Lebensgeschichte.

Ich staune darüber, dass meine Hündin Hannah weder Bitterkeit noch Groll kennt. Vielleicht sind Hunde so ein Beispiel Gottes für das Prinzip, glücklich zu leben, indem man keinen Groll hegt. Hannah jedenfalls liebt es, Dingen hinterherzurennen, nur Groll gehört definitiv nicht dazu!

Forscher fanden heraus, dass aufgestaute Bitterkeit und Groll psychosomatischen Einfluss haben können. Ein Artikel in *USA Today* mit dem Titel „Psychologen wissen nun, was uns glücklich macht" berichtete darüber, was Professor Christopher Peterson von der Universität in Michigan herausgefunden hatte. Dieser erklärte, *Vergebung sei das Verhalten, das am stärksten mit dem Glücklichsein verknüpft ist*. Klingt so ähnlich wie im Neuen Testament, oder? Peterson sagte: „Vergebung ist die Königin aller Tugenden, vermutlich aber diejenige, die am schwersten zu verwirklichen ist."[2]

Leider gilt diese Aussage auch unter Christen. Sie sind nicht besser als der Rest der Bevölkerung, wenn es um Vergebung geht. Wie steht es zum Beispiel mit diesem Gebot im Lukasevangelium, das uns schmerzhaft daran erinnert, wie wichtig die Vergebung ist?

> *„Nehmt euch also in Acht! Wenn dein Bruder Schuld auf sich geladen hat, dann weise ihn zurecht. Bereut er sein Handeln, dann vergib ihm! Und wenn er dir siebenmal am Tag Unrecht tut und dich immer wieder um Vergebung bittet: Vergib ihm!" (Lukas 17,3–4).*

Ist das dein Ernst, Gott? Vielleicht schaffe ich das einmal oder zweimal, aber macht mich kontinuierliches Vergeben nicht zum Narren?

Ist doch interessant, wie sehr wir mit Gott darum ringen, was er wohl wirklich meint, wenn es um unsere Antworten geht, oder?

„Schenk mir Gnade, aber verlange um Himmels Willen nicht von mir, dass ich Gnade walten lasse." Der Text ist jedoch in sämtlichen Bibelübersetzungen recht eindeutig. Es gibt keine Ausnahmen. Der Apostel Paulus legt sogar noch eins drauf: *„Seid vielmehr freundlich und barmherzig und vergebt einander, so wie Gott euch durch Jesus Christus vergeben hat" (Epheser 4,32).*

Das ist eine hohe Anforderung, die wir nicht bewältigen können, ohne uns daran zu erinnern, wie viel uns selbst vergeben wurde. Wenn Sie beispielsweise etwas Abwertendes über mich sagen und mich danach um Vergebung bitten, werde ich Ihnen sicher sofort vergeben. Wenn Sie dasselbe erneut tun und mich wieder um Vergebung bitten, werde ich Ihnen wahrscheinlich auch vergeben. Wenn Sie es aber zum dritten Mal machen, werde ich wohl ungnädig antworten und Sie auffordern, mir zu „beweisen", dass es Ihnen wirklich leidtut.

Genau das geschieht aber in meiner täglichen Beziehung zu Gott. Ich bitte Gott Dutzende, ja Hunderte Male, mir dieselben Sünden zu vergeben. Sein Wort sagt mir, dass ich jedes Mal Vergebung empfange, und Gott liebt mich beim hundertsten Mal noch genauso wie beim ersten Mal. So sieht die Vergebung aus, die Gott mir in Christus gewährt. Und ich sollte dementsprechend handeln und jede Kränkung aus tiefer Dankbarkeit heraus vergeben. Sehen Sie irgendeine Möglichkeit, diese offensichtliche Aufforderung zur Vergebung zu umgehen? Ich sehe keine.

Fazit: Gott fordert uns auf, anderen so zu vergeben, wie er uns vergeben hat. Vergebung ist das entscheidende Element. Fehlt dieses, verhindert dies das Heilen verletzter Beziehungen. Mein Tipp lautet daher: Vergeben Sie der Person, die Sie verletzt hat. Vergeben Sie sich selbst und suchen Sie Vergebung, wenn Sie jemanden gekränkt haben. Vielleicht werden Ihre Bemühungen nicht zur Versöhnung führen. Das ist dann traurig, aber letztlich in Ordnung.

Was aber, wenn die andere Person die Vergebung letztlich nicht verdient? Denken Sie an Jesus, wie er im Todeskampf am Kreuz hing: *„Jesus betete: ‚Vater, vergib ihnen, denn sie wissen nicht, was sie tun!' Unter dem Kreuz teilten die Soldaten seine Kleider unter sich auf und warfen das Los darum"* (Lukas 23,34).

Natürlich habe ich nicht das Maß an Wunden, Verrat, Verhöhnung und Misshandlung erlebt, das Jesus durchmachen musste. Und dennoch konnte er auf jene bösen Täter schauen und seinen Vater um Vergebung für sie bitten. Allein das eröffnet mir eine Perspektive: Vielleicht kann ich ja das, was mir widerfährt, vergeben – mit Gottes Hilfe und nur mit seiner Hilfe.

Ich habe viele unglückliche Momente damit zugebracht, nicht die von Gott beabsichtigte Freiheit zu genießen, weil ich jemandem, der mich gekränkt hatte, nicht vergeben wollte. Ich bin traurig bei dem Gedanken daran, wie ich mich im Laufe der Jahre starrköpfig weigerte, anderen für tatsächliche oder eingebildete Kränkungen zu vergeben. Ich stelle mir vor, wie Jesus mich traurig (jedoch nicht verurteilend) ansieht, weil ich das ganze Maß der Schuld, von der er mich befreit hat, nicht erfasst habe. Ich höre ihn förmlich sagen: „Dave, wenn du dich dafür entscheidest, an der Bitterkeit festzuhalten, dann stehst du dir selbst im Weg, Freude und Frieden zu genießen." Anders gesagt: Vergebe ich nicht, dann habe ich vergessen, wie viel mir selbst vergeben wurde.

Hannah versteht als Hund nicht die Komplexität von Beziehungen, mit der wir Menschen in unserem Leben zurechtkommen müssen. Sie vergibt mir, weil sie mir als Herrchen vertraut, und das bestimmt ihr Leben. Insofern können wir viel von dem kleinen Gehirn, aber viel größeren Herz unserer Hunde lernen.

Ich hatte die Gelegenheit, einige der Lektionen, die ich hinsichtlich Vergebung gelernt hatte, umzusetzen. Vor Jahren war ich in meinem alten Revier im südlichen Ohio, und es blieb mir noch eine Nacht, bevor ich nach Texas zurückkehren würde. Üblicherweise traf ich mich bei einem Aufenthalt in meiner Heimatstadt mit meinem besten Freund aus Highschool-Tagen, Bob Novak, um Kaffee zu trinken, in Erinnerungen zu schwelgen und über alte Streiche zu lachen. An jenem Abend aber war ich müde und bat Bob, unser Treffen auf ein andermal zu verschieben. Kurze Zeit später wurde er bei einem Unfall getötet.

Jahrelang schleppte ich ein schreckliches Schuldgefühl mit mir herum, die letzte Gelegenheit, mit meinem Freund zu sprechen, vergeudet zu haben. Ich hörte die Stimmen der Verurteilung: „Ein großartiger Freund warst du! Wegen ein bisschen Schlaf warst du zu egoistisch, um deinen Freund zu treffen." Ich schämte mich dafür, ihn versetzt zu haben.

Ich musste daran arbeiten, die eigene Bitterkeit zu überwinden, und das hat dazu geführt, dass ich mir selbst vergeben konnte. Ich glaubte von da an Folgendes: Bob wusste, dass ich sein Freund war. Er wusste, dass ich ihn schätze. Ich bin sicher, dass er sich nichts Böses dabei dachte, als ich ihm an jenem Abend absagte.

Ich habe mir mittlerweile selbst vergeben. Ich hatte damals keine falschen Beweggründe. Ich war einfach müde. Ich habe diese Schuldgefühle viel zu lange mit mir herumgeschleppt.

Der Apostel Paulus wusste über unsere Tendenz, uns selbst zu geißeln, sehr gut Bescheid. Es tat mir weh, meinen Freund zu verlieren. Und es tat mir weh, keine letzte Gelegenheit mehr zu haben, mit ihm zu lachen. Doch ich glaube mittlerweile, dass mein Freund mich dafür nicht verurteilen würde. Paulus spricht über das Thema „keine Verurteilung" sogar aus einer ewigen Perspektive:

„Ich mache also ständig dieselbe Erfahrung: Das Gute will ich tun, aber ich tue unausweichlich das Böse. Ich stimme Gottes Gesetz aus tiefster Überzeugung und mit Freude zu. Dennoch handle ich nach einem anderen Gesetz, das in mir wohnt. Dieses Gesetz kämpft gegen das, was ich innerlich als richtig erkannt habe, und macht mich zu seinem Gefangenen. Es ist das Gesetz der Sünde, das mein Handeln bestimmt. Ich unglückseliger Mensch! Wer wird mich jemals aus dieser tödlichen Gefangenschaft befreien? Gott sei Dank! Durch unseren Herrn Jesus Christus bin ich bereits befreit. So befinde ich mich in einem Zwiespalt: Mit meinem Denken und Sehnen folge ich zwar dem Gesetz Gottes, mit meinen Taten aber dem Gesetz der Sünde. Wer nun mit Jesus Christus verbunden ist, wird von Gott nicht mehr verurteilt. Denn für ihn gilt nicht länger das Gesetz der Sünde und des Todes. Es ist durch ein neues Gesetz aufgehoben, nämlich durch das Gesetz des Geistes Gottes, der durch Jesus Christus das Leben bringt" (Römer 7,21–8,2).

Wer nun mit Jesus Christus verbunden ist, wird von Gott nicht mehr verurteilt.

Keine Verurteilung! Keine! Gar keine! Null! Was gibt es da nicht zu begreifen? Und doch fällt es uns Menschen so schwer, diese Wahrheit zu glauben: *Sicher gibt es da doch noch eine Verurteilung vonseiten Gottes. Das ergibt doch keinen Sinn. Ich meine, man muss sich doch nur ansehen, was ich wieder vermasselt habe. Wie kann Jesus darüber hinweggehen?*

Natürlich bringen Sünden und schlechte Entscheidungen Konsequenzen mit sich. Doch wir sollten das nicht durch Scham und Schuldgefühle verschlimmern, die uns dahin bringen, uns vor dem Einen zu verbergen, der uns daran hindern kann, eine weitere schlechte Entscheidung zu treffen.

Vielleicht können unsere Fellfreunde uns hier erneut als Vorbild dienen. Hannah könnte tatsächlich ein Aushängeschild für Gnade sein: Nichts, was ich tue, würde sie dazu bringen, mich aufzugeben. Kein Egoismus meinerseits würde sie von mir abhalten. Sie ist nicht fähig zu verurteilen. Ich kann Hannah ignorieren, mit ihr schimpfen, ihr Bedürfnis nach Streicheleinheiten übergehen. Doch wenn ich sie dann rufe, läuft sie mit derselben Hingabe auf mich zu wie der Vater im Gleichnis vom verlorenen Sohn. Was für ein Beispiel für Gnade, die vergibt!

Wir sind Gottes geliebte Kinder, daher kann Jesus uns nicht verurteilen. Es gibt aber solche, die befürchten, Christen könnten die Gnade zu ihrem Vorteil ausnutzen, daher stemmen sie sich energisch gegen eine solche Aussage. Doug Kelly sagte: „Wenn du die Leute verrückt machen willst, predige das Gesetz. Wenn du sie aber ganz und gar verrückt machen willst, predige Gnade.“[3]

Ich möchte es noch mal ganz deutlich sagen: Sünde hat Konsequenzen, diese können sehr hässlich sein. Gott lässt solche Konsequenzen zu, um uns harte Lektionen beizubringen. Aber, und hiervon bin ich zutiefst überzeugt, er verurteilt mich nie – weil Verurteilung im Widerspruch zur Gnade steht.

Es gibt drei Menschen in meinem Leben, denen ich vorbehaltlos vertraue. Wir nennen uns die „Redwood Brothers“ (Mammutbaum-Brüder), und zwar aufgrund eines einzigartigen Wesensmerkmals der kalifornischen Mammutbäume. Die sogenannten Küstenmammutbäume besitzen flache Wurzeln, die sich über dreißig Meter von ihrem Stamm ausdehnen und mit den Wurzeln anderer Mammutbäume verflechten. Dadurch verstärkt sich ihre Stabilität bei Stürmen und Überflutungen. Ein gutes Bild für uns vier. Wir sind vier Männer, die Jesus Christus treu nachfolgen möchten. Jeder liebt seine Frau und seine Familie. Doch wir wissen: Wir haben flache Wurzeln und brauchen die Kraft der anderen, wenn Stürme kommen.

Vor einigen Jahren trafen wir uns, um die zwei größten Lügen zu benennen, die wir immer noch über uns selbst glauben. Wir schrieben sie mit Permanentmarkern auf Steine und vergruben sie an dem Ort in der Wüste, an dem wir uns trafen. Es war eindrucksvoll, diese Lügen physisch zu begraben. Von Zeit zu Zeit war ich versucht, diese Lügen wieder auszugraben, doch dann erinnerte ich mich daran, wie befreiend es gewesen war, sie zu vergraben, bis ich sie nicht mehr sehen konnte.

Heute musste ich an diese symbolische Geste denken, als ich dafür betete, die Bitterkeit vergraben zu können, an der ich viel zu lange festgehalten hatte.

Hannah ist das perfekte Vorbild für Vergebung und demonstriert die Frucht des Geistes viel konsequenter als ihr Herrchen! Und so sieht Hannahs Punktekarte in Sachen „Frucht des Geistes“ aus:

- Liebe
- Freude
- Frieden
- Geduld
- Freundlichkeit

- Güte
- Treue

Die einzige Frucht, über die sie noch intensiver nachdenken muss, ist die Selbstbeherrschung, insbesondere wenn ein Eichhörnchen in der Nähe ist. Aber das geht in Ordnung. Wir alle müssen schließlich noch an diesem oder jenem arbeiten.

Hannah vergibt mir meine schlechten Seiten, bevor ich sie mir selbst vergeben habe. Sie ist ein lebendiges Beispiel dafür, wie Jesus mir bereits vergeben hat, bevor ich ihn um Vergebung bitte. Und sie macht mir durch ihr Verhalten bewusst, wie Vergebung in einer zerbrochenen Welt aussehen kann.

13
Schwanzwedeln zur Begrüßung

„Mit Geld kann man einen Hund kaufen,
nicht aber sein Schwanzwedeln."

– Josh Billings, Pseudonym von Henry Wheeler Shaw –

„Hannah begleitet mich oft, wenn ich Besorgungen mache. Heute konnte ich sie allerdings nicht mitnehmen und ließ sie mit traurigen Augen an der Tür zurück. Nach etwa anderthalb Kilometern merkte ich, dass ich mein Handy vergessen hatte, also drehte ich um und fuhr zurück. Ich war nur fünf Minuten fort gewesen, doch Hannah begrüßte mich an der Tür, als wäre ich wie ein Soldat aus dem Krieg zurückgekehrt.“

Hannah ist das lebendige Beispiel eines meiner liebsten Sketche des Comedians Jerry Steinfeld:

„Lassen Sie uns die Mentalität von Hunden untersuchen: Jedes Mal, wenn Herrchen oder Frauchen nach Hause kommt, denkt der Hund, das wäre ganz erstaunlich. Er kann es kaum glauben, dass sein Herrchen oder Frauchen es wieder geschafft hat. Man kommt zur Tür herein. Die Freude bringt ihn fast um. ‚Er/Sie ist wieder da! Er/Sie ist's! Er/Sie ist's!‘“[1]

Hannah verfügt über zwei sehr unterschiedliche Aufwach-Modi. Wenn alles seinen normalen Gang geht und alle zu Hause sind, steht sie recht langsam auf, geht einen Schritt und streckt sich dann ausgiebig. Sie geht einen weiteren, langsamen Schritt, streckt sich noch einmal und ist bereit, loszugehen.

Dann gibt es noch den Modus „stürmische Begrüßung“, ein aufgeregter Modus, der ausgelöst wird, wenn ein Mitglied der Familie oder Freunde zurückkehren. Dabei spielt es keine Rolle, wie lange jemand fort war – es können zwei Minuten oder zwei Wochen gewesen sein. Hannahs Reaktion ist dieselbe.

Im Augenblick liegt Hannah ausgestreckt auf dem Rücken auf der Couch, alle vier Pfoten von sich gestreckt. Hoffentlich gilt Jonis Regelwerk von Einschränkungen nicht mehr für die Couch. Hannah und ich werden das jedenfalls im Moment für uns behalten.

Plötzlich höre ich, wie sich die Garagentür öffnet. Joni kommt nach Hause. Hannah hat sie schon gehört und ist sofort wach. Sie sieht plötzlich so aus, als habe man ihr gerade einen Elektroschock verpasst. Ihr stürmischer Begrüßungsmodus ist aktiviert. Hannahs Beine beginnen zu strampeln, während sie sich hochrappelt. Sie flitzt aufgeregt hin und her, um ein Spielzeug zu finden. Sie kann unmöglich jemanden begrüßen, ohne einen Ball oder ein anderes Spielzeug im Maul zu haben – das wäre ein klarer Bruch mit dem Labrador-Protokoll. *Hurra, meine Plüschente!* Sie schnappt sich die Ente und stürzt zur Tür. Die Aufregung nimmt zu und Hannah beginnt sich mit dem Spielzeug im Maul um sich selbst zu drehen. Ihr wild wedelnder Schwanz gibt den Takt dazu an. Ihr ganzer Körper pulsiert vor lauter Vorfreude.

Wie könnte man bei einer solchen Begrüßung gleichgültig bleiben? Ein Hund kurbelt jedes Mal, wenn wir auftauchen, unser Selbstbewusstsein an. In einer Welt, in der aufrichtige Bestätigung nur selten gewährt wird, ist unser Hund ein wertvoller Begleiter.

Fühlen Sie sich nicht wertgeschätzt? Ein Hund wird Ihnen immer Zuneigung zeigen.

Fühlen Sie sich ein wenig minderbemittelt? Ein Hund hält Sie stets für ein Genie. „Sie können einem Hund jede Dummheit sagen, er wird Ihnen immer jenen Blick zuwerfen, der besagt: ‚Stimmt! Daran habe ich noch gar nicht gedacht!‘“[2], sagte einmal der Comedian Dave Berry. Während ich diese Worte schreibe, hält Hannah eine Pfote auf ihrem Spielzeug, um gegebenenfalls den Begrüßungsmodus umgehend auslösen zu können.

Warum lieben wir Menschen unsere Hunde eigentlich so sehr? Wir alle sehnen uns danach, so akzeptiert zu werden, wie wir sind. Meiner Meinung nach gibt es keine andere Kreatur als einen Hund, die diese Art von Annahme perfekt zeigen kann. Ein anonymer Autor schrieb einmal: „Ich hoffe, die Person zu sein, die mein Hund in mir sieht.“ Unseren Hund interessiert es nicht die Bohne, wie viel wir verdienen, wie wir aussehen oder welchen Status wir bekleiden. Ihn interessiert nur eines: mit uns zusammen zu sein. Letztlich ist eine so aufrichtige Bestätigung heilsam.

Wir alle brauchen einen solchen Balsam, wenn unser Selbstwertgefühl erschüttert wurde, und zwar öfter, als wir es uns eingestehen wollen. Manche Menschen brauchen besonders viel Bestätigung und neigen dazu, das Gegenteil vorzugeben. Doch tief in ihrem Innern hoffen sie, dass jemand ihr Bedürfnis bemerkt und etwas sagt, das sie auf gesunde, liebevolle Weise ermutigt.

Als bei Hannah die Krebserkrankung festgestellt wurde, veränderte sich mein Verhalten ihr gegenüber unterschwellig. Wenn ich ohne sie fortgehen musste, ging ich jedes Mal vorher zu meiner schlafenden Hündin hinüber und tätschelte sie kurz. Auch rief ich sie öfter als früher zu mir, um ihre Ohren zu kraulen, sogar mitten während meiner Arbeit. Nur selten ging ich an ihr vorüber, ohne ihr kurz über den Kopf zu streicheln. Ich wollte jede Gelegenheit nutzen, ihr meine Zuneigung zu zeigen.

Warum aber wurde dieses Verhalten erst durch die Aussicht auf den Verlust ausgelöst? Sollten wir nicht in allen Beziehungen genau so handeln? Warum gebe ich meiner Frau nicht jedes Mal, wenn sie in meiner Nähe ist, eine kleine Umarmung oder eine liebevolle Berührung? Warum mache ich es nicht zur Priorität, einen Freund zu umarmen? Eine liebevolle Berührung ist in jeder Beziehung von Bedeutung. Das Problem aber ist, dass die meisten von uns zu sehr mit sich selbst beschäftigt sind, als dass sie überhaupt daran denken würden.

Hannah allerdings zeigt mir die wunderbare Kraft von Bestätigung. Was wäre, wenn ich Joni so begrüßen würde, wie Hannah es tut? Nun, einige Dinge müssten vielleicht etwas angepasst werden, denn ich werde wohl kaum ein Spielzeug im Mund tragen, obwohl ich glaube, dass es manchmal gut gewesen wäre, irgendetwas in meinen sarkastischen Mund zu stopfen. Vielleicht könnte aber meine an Hannah orientierte Begrüßung, wenn Joni von der Arbeit nach Hause kommt, so aussehen:

- Ich lasse fallen, was ich gerade tue, um Joni zu begrüßen – aufrichtig erfreut darüber, sie zu sehen.
- Ich berühre sie liebevoll, ohne Hintergedanken.
- Ich interessiere mich ausschließlich für sie.
- Ich akzeptiere ihre Stimmung, wie auch immer sie ist, ohne sie in irgendeiner Hinsicht zu verurteilen.
- Ich höre ihr zu, wenn sie mir von ihrem Frust erzählt, ohne zu fragen, wie es dazu kommt, dass sie sich so fühlt, und ohne ihr zahllose „Lösungen“ anzubieten.
- Wenn sie reden will, dann bin ich voll und ganz bereit dafür.
- Wenn sie nicht auf meine Bedürfnisse eingehen möchte, reagiere ich nicht verärgert oder ziehe mich zurück.

Ob das wohl neuen Schwung in unsere Beziehung bringen würde? Hannah jedenfalls bietet mir das täglich! Sie ist stets in der Lage, mich zu trösten und zu beruhigen. Als ich erfuhr, dass einige Minuten Zeit mit einem Hund oder einer Katze zu verbringen den Stress vieler Menschen effizienter reduziert als Gespräche mit ihrem Partner oder Freund/in, war ich keineswegs erstaunt.

Die Forscherin Karen Allan, die 2002 eine Studie leitete, sagte Folgendes: „Einigen Menschen wird die Idee, dass ein Haustier sozialen Halt geben kann, seltsam erscheinen; doch die Reaktionen der Teilnehmer an unserer Studie auf Stress kombiniert mit ihren Aussagen über die Bedeutung ihrer Haustiere in ihrem Leben lassen den Schluss zu, dass sozialer Halt tatsächlich artübergreifend ist."[3]

Für mich ist es sonnenklar, dass unsere Hunde „artübergreifend" wirken, um unsere Stimmung mittels treuer Zuneigung anzuheben. Wenn Sie in Ihrer Familie keine oder nur wenig Bestätigung erhalten haben (und das trifft auf viele zu), dann kann die Zuneigung eines Haustiers eine wichtige Rolle in Ihrem Heilungsprozess spielen.

Wie ich schon früher erwähnte, hat mir meine Mutter nie ihre Zuneigung gezeigt, als ich aufwuchs. An jedem Muttertag kämpfte ich darum, eine Karte zu finden, die meine Liebe ausdrückte, ohne jedoch mehr mitzuteilen, als ich ehrlicherweise ausdrücken konnte.

Als die Gesundheit meiner Mutter nachzulassen begann, dachte ich über unsere Beziehung nach. Sie war nicht immer rosig gewesen, doch ich versuchte an Gelegenheiten zu denken, bei denen sie mir auf ihre Art ihre Liebe gezeigt hatte.

Die Worte „Es tut mir leid" sind nie über ihre Lippen gekommen, doch wenn sie einen besonderen Kuchen buk oder mein Lieblingsessen kochte, dann wusste ich, dass sie mir damit diese Botschaft vermitteln wollte. Sie konnte ihre Gefühle nicht gut in Worte kleiden, aber ich war davon überzeugt, dass sie alles für mich getan hätte, um mich zu beschützen. Ich begann ihr für die guten Dinge, die sie mir gab, meine Wertschätzung zu zeigen. „Mama, ich freue mich immer auf deine Bohnensuppe und dein Vollkornbrot, wenn ich nach Hause komme." Es stimmte; ich liebte ihre Bohnensuppe. Es scheint banal zu sein, jemanden für eine Bohnensuppe zu loben, doch das Gesicht meiner Mutter leuchtete auf, wenn ich ihre Sprache der Liebe anerkannte. Ich fuhr fort, die guten Dinge zu erwähnen, die ich in ihr sah, und öffnete damit die Tür zu ihrem Herzen und auch zu meinem.

Es gibt genug Menschen (inklusive Satan), die uns an unsere Unzulänglichkeiten und Fehler erinnern. Wir müssen aber durch die Brille der Gnade schauen, um die anderen wissen zu lassen, was sie gut machen.

Welche Auswirkungen wird es haben, wenn wir denen, die wir lieben, auf diese Weise Bestätigung schenken? Enorme!

Als ich meiner Mutter Bestätigung zu schenken begann, änderte sich meine Einstellung ihr gegenüber. War es Zufall, dass sie dann irgendwann an den Punkt gelangte, an dem sie sagen konnte „Ich liebe dich" und „Es tut mir leid"?

Falls Sie im Begriff stehen sollten, einen geliebten Menschen zu verlieren, dann möchte ich Sie ermutigen, dieser Person all das Gute zu sagen, was Sie in ihrem Leben sehen. War die Beziehung eher problematisch, brauchen Sie vielleicht etwas Kreativität, aber ich glaube, dass man in den meisten Fällen etwas Positives findet.

Wir sollten uns nicht darüber wundern, dass die Leute positiv reagieren, wenn wir ihnen sagen, wie wertvoll sie sind. Doch was noch wichtiger ist: Wir sind wertvoll für Gott. Sein Wort steckt voller Bestätigung für alle, die ihm vertrauen.

„Die ihn aber aufnahmen und an ihn glaubten, denen gab er das Recht, Kinder Gottes zu werden“ (Johannes 1,12).

„Ihr aber seid ein von Gott auserwähltes Volk, seine königlichen Priester, ihr gehört ganz zu ihm und seid sein Eigentum. Deshalb sollt ihr die großen Taten Gottes verkünden, der euch aus der Finsternis befreit und in sein wunderbares Licht geführt hat. Früher wart ihr nicht sein Volk, jetzt aber seid ihr das Volk Gottes! Früher kanntet ihr Gottes Barmherzigkeit nicht; doch jetzt habt ihr sie erfahren“ (1. Petrus 2,9–10).

„Schon vor Beginn der Welt, von allem Anfang an, hat Gott uns, die wir mit Christus verbunden sind, auserwählt. Er wollte, dass wir zu ihm gehören und in seiner Gegenwart leben, und zwar befreit von aller Sünde und Schuld“ (Epheser 1,4).

„Was wir jetzt sind, ist allein Gottes Werk. Er hat uns durch Jesus Christus neu geschaffen, um Gutes zu tun. Damit erfüllen wir nun, was Gott schon im Voraus für uns vorbereitet hat“ (Epheser 2,10).

„Ich nenne euch nicht mehr Diener; denn einem Diener sagt der Herr nicht, was er vorhat. Ihr aber seid meine Freunde; denn ich habe euch alles anvertraut, was ich vom Vater gehört habe“ (Johannes 15,15).

Jesus nennt mich „Freund“. Sollten die Menschen in unserem Leben unser Bedürfnis nach Bestätigung nicht ausreichend erfüllen, dann können wir in der Bibel nachlesen, wie Gott über uns denkt. Gibt es eine wichtigere Bestätigung als seine? Wenn wir glauben, dass unser himmlischer Vater unseren Wert anerkennt, dann fällt es uns auch leichter, anderen Anerkennung zu schenken. Und wenn das alles stimmt, wie könnte ich dann noch unter einem schwachen Selbstwertgefühl leiden? Jesus nennt mich „*Freund*", so sieht's aus!

Versäumen Sie keine Gelegenheit, anderen Bestätigung zu schenken. Tun Sie das ganz bewusst, machen Sie es zu einer guten Gewohnheit.

Hannah hat mich diesbezüglich in die Schule genommen. Jedes Mal, wenn sie mich sieht, behandelt sie mich wie die wichtigste Person auf dieser Erde. Ihre Überschwänglichkeit ist immer wieder herzerwärmend. Ich meinerseits kann nicht versprechen, dass ich hüpfen und Pirouetten drehen werde, wenn ich eine geliebte Person treffe. Doch ich will mein Bestes tun, um ihren Tag zu verschönern.

14

Nur die Guten sterben jung

„Wer einen Hund besitzt,
wird ihn wahrscheinlich überleben;
einen Hund zu besitzen bedeutet,
sich für große Lebensfreude und
auf die Zukunft gesehen ebenso große
Traurigkeit zu öffnen.“

– Marjorie Garber –

„Heute hörte ich Billy Joel singen, dass nur die Guten jung sterben. Ich vermute, dass die Guten und die Bösen in etwa die gleiche Sterblichkeitsrate aufweisen. Der Unterschied zwischen beiden Gruppen liegt darin, dass wir uns viel mehr um gute Menschen und Tiere sorgen, weil sie unser Leben berührt haben. Heute war ich dankbar dafür, Hannah am 315. Tag nach ihrer Diagnose begrüßen zu dürfen. Sie lebt bereits weit länger, als nach der ersten schmerzlichen Nachricht zu erwarten war. Allerdings beginnen sich ganz allmählich die Auswirkungen ihrer Krankheit zu zeigen, doch sie lebt noch immer jeden Tag glücklich ‚im Hier und Jetzt'. Ich bin dankbar, dass wir diese Tage noch hatten und haben, denn schließlich hatte ich ein wenig mehr erwartet, um mich von ihr zu verabschieden. Und ich habe in dieser Zeit gelernt zu akzeptieren, dass sowohl ihr Leben vor der Diagnose als auch danach ein Geschenk war. Doch ich weiß, dass der Tag des endgültigen Abschieds kommen wird.“

Joni und ich sind uns bewusst, dass wir mit Hannah eine von Gott gegebene Zeit der Gnade erleben. Wir achten sorgfältig auf ihre Gesundheit, halten nach allem Ungewöhnlichen Ausschau und sind besorgt, wenn sie nicht das übliche Verhalten zeigt.

Heute war ich wieder einmal unterwegs, als Joni anrief.

„Hannah benimmt sich seltsam", sagte sie. „Sie hat heute noch nichts gefressen und macht einen apathischen Eindruck. Ich kann sie noch nicht einmal dazu motivieren zu spielen." Ich musste sofort an das Schlimmste denken und meine Augen füllten sich mit Tränen.

„Ich werde sie zum Tierarzt bringen", sagte Joni. „Ich rufe dich später zurück."

Einige ungewisse Stunden vergingen. Als schließlich das Telefon klingelte, wollte ich sofort antworten, hatte aber gleichzeitig Angst.

„Hallo", meldete ich mich zögerlich, denn selbst dieses eine Wort fiel mir schwer.

„Hannah hat nur einen Infekt. Der Arzt hat ihr Antibiotika verschrieben und sie wirkt schon ein wenig munterer."

Ich atmete tief durch. *Danke, Herr, für einige zusätzliche, kostbare Tage mit unserer Hündin.* Und ich nahm mir fest entschlossen vor, jeden Moment mit ihr voll auszukosten.

Im Internet kursierte einige Jahre lang eine Geschichte über einen kleinen Jungen, der mit dem Tierarzt im Untersuchungszimmer ist und sich endgültig von seinem Haustier verabschiedet. Der Tierarzt will den Jungen trösten und sagt: „Es ist schade, dass Tiere nicht so lange leben wie ihre menschlichen Freunde." Für einen kurzen Moment bleibt es still, dann sagt der Junge: „Ich weiß, warum das so ist."

„Tatsächlich?", erwidert der Tierarzt.

„Ja. Die Menschen werden geboren, um zu lernen, wie man ein gutes Leben führt, wie man alle liebt und immer nett ist, stimmt's?"

Der Tierarzt nickt und der Junge fährt fort: „Nun, Hunde wissen bereits, wie man das macht, deshalb brauchen sie nicht so lange zu leben."

Das würde sicherlich erklären, warum Hannah nicht das höchste Alter der Lebenserwartung ihrer Rasse erreichte. Sie hatte ihre „Gnadengaben" schon früh erworben.

In Wahrheit weiß kein Geschöpf, wie viele Tage ihm beschieden sind. Als wir von Hannahs Krankheit erfuhren, war meine erste Reaktion, dass sie doch viel zu jung für eine so schlimme Diagnose sei. Doch tatsächlich war es für ihr Alter und ihre Rasse nicht so ungewöhnlich. Ich war vielmehr derjenige, der fand, dass sie noch viel zu jung war.

Sir Walter Scott würdigte Hunde in seinen Schriften ebenso wie in seinem Leben. Er hatte eine sehr enge Beziehung zu seinen Hunden:

„Ich habe manchmal darüber nachdenken müssen, warum Hunde so ein kurzes Leben haben, und ich bin recht froh, dass es aus Mitleid mit der menschlichen Rasse geschieht; denn wenn wir so sehr leiden, wenn wir einen Hund nach zehn oder zwölf Jahren vertrauter Freundschaft verlieren, wie wäre es dann wohl erst, wenn er doppelt so lange bei uns bliebe?"[1]

Ich hatte zuvor nie darüber nachgedacht, das kürzere Leben eines Hundes als Geschenk der Gnade anzusehen.

Hannah war immer sehr aktiv und sportlich gewesen, und daher ging ich stets davon aus, dass sie länger als andere Hunde leben und lediglich in den letzten Lebensjahren etwas langsamer werden würde. Doch niemand von uns erhält eine Garantie darauf, lange zu leben, nur weil wir aktiv sind, uns gesund ernähren oder gute Menschen (oder Hunde) sind.

Das Leben mit Hannah seit ihrer Krebsdiagnose hat mich dazu veranlasst, meine eigenen Ängste bezüglich des Sterbens zu überdenken. Ich hätte ja durchaus durch einen Herzinfarkt oder bei einem Verkehrsunfall früher sterben können als Hannah. Der Sportreporter Dan Patrick war bekannt für eine Bemerkung, wenn er über einen verletzten Sportler sprach: „Sein Zustand wird täglich neu bewertet, aber geht es uns nicht allen so?“[2] Ich musste wieder an die Aussage unserer Tierärztin nach Hannahs Operation denken: „Hannah hat keine Angst vor dem Tod, sie lebt im Hier und Jetzt.“

Das Besondere an Hunden ist, wie sie das akzeptieren, was jeder einzelne Tag mit sich bringt. Wenn Hannah frühmorgens aufwacht und leichte Schmerzen spürt, schafft sie es trotzdem, mit dem Schwanz zu wedeln und auf ihre Hundeart zu lächeln. Als wir Hannah zu unserer Tierärztin bringen mussten, damit sie einen kleinen Tumor absaugen konnte, hatte sie verständlicherweise Angst vor der Nadel. Ich bin sicher, dass ihr der Einstich wehtat. Doch die Tierärztin wusste genau, was sie tun musste – sie kraulte die ganze Zeit über Hannahs Ohr, während diese sich mit wedelndem Schwanz „bedankte“. Selbst in diesem schwierigen Moment fand sie eine Möglichkeit, Freude auszudrücken.

Hannah bringt mir so viel über die Freude des Augenblicks bei. Ich schreibe dies als Christ, der davon überzeugt ist, durch den Glauben an Jesus Christus ein Kind Gottes zu sein. Ich glaube daran, dass Jesus mir in der Ewigkeit einen Platz bereitet hat. Ich glaube (vom Kopf her) an den Bibelvers, in dem Jesus sagt, er habe eine Wohnung für mich vorbereitet.[3] Und dennoch – als ich mich dazu zwang, mich intensiver mit dem Tod zu beschäftigen, fragte ich mich, ob mein Leben wirklich einen festen Glauben an diese Dinge widerspiegelt.

Ehrlich gesagt war ich nicht sehr zufrieden mit dem Ergebnis meiner Überlegungen. Ich glaube an den Himmel, aber nur in Form einer letzten Zuflucht. Ich sage dies keineswegs leichtfertig, denn ich bin zu der ungeschönten Erkenntnis gelangt, dass ich die Hoffnung der Ewigkeit nicht völlig begriffen hatte.

Als junger Mann stellte ich in Gedanken eine Liste der Dinge zusammen, die ich hoffentlich noch erleben würde, bevor ich sterben sollte. Ich wollte heiraten und Kinder kriegen. Als ich das abhaken konnte, ergänzte ich auf der Liste den Wunsch nach Enkelkindern und anderen Dingen. Alles, was ich hoffte, vor dem Eintritt in die Ewigkeit zu erleben, war irgendwie gut. Doch die Art und Weise, wie ich diese Dinge in Gegenüberstellung zur Ewigkeit betrachtete, zeigte mir, dass ich noch nicht wirklich begriffen hatte, was das Leben nach dem Tod bedeutet. Denn diese Dinge auf meiner Liste waren nicht einfach nur Wünsche; sie waren oft Götzen, da gute Dinge zu absolut wichtigen Dingen wurden.

Pastor Dietrich Bonhoeffer, der im Zweiten Weltkrieg von den Nazis umgebracht wurde, weil er für die Wahrheit eingestanden war, wusste furchtlos über den Tod zu sprechen:

„Warum haben wir denn solche Angst, an den Tod zu denken? […] Der Tod ist ja nur furchtbar für den, der Angst hat, der ihn fürchtet. Der Tod ist nicht wild und schrecklich, wenn wir nur still sind und uns an Gottes Wort halten. Der Tod ist nicht bitter, wenn wir nicht verbittert sind. Der Tod ist Gnade, Gottes größte Gnade, die er den Menschen, die ihm glauben, schenkt. Der Tod ist mild, der Tod ist süß, der Tod ist sanft, der Tod lockt mit himmlischer Gewalt, wenn wir nur wissen, dass er das Tor in die Heimat, in das Freudenzelt, in das ewige Reich des Friedens ist.“[4]

Glaube ich das? Für mich war es eine mir die Augen öffnende und herzzerreißende Erkenntnis, wie oberflächlich mein Glaube in Bezug auf die Ewigkeit war. Der Tod ist nicht das letzte Kapitel unseres Lebens; er ist der Prolog, der zu Freude und Friede führt. Habe ich je an den Tod als das größte Gnadengeschenk Gottes gedacht? Wohl kaum. Und doch ist dies die Realität eines Glaubens an Jesus Christus, wenn wir davon überzeugt sind, dass das Evangelium wahr ist.

Hannahs Krankheit hat meine Sichtweise radikal verändert. Wenn ich wüsste, dass ich bald sterben muss, dann wäre ich traurig um die Zeit, die ich nicht mehr mit meiner Frau, meinen Kindern und Enkelkindern und Freunden verbringen kann. Ich würde mir auch wünschen und erhoffen, dass einige von ihnen mich ein wenig vermissen würden. Doch mit einem erneuerten Glauben und einer neuen Hoffnung würde ich vor allem an das denken, was vor mir liegt. Einer meiner Lieblingsautoren, Randy Alcorn, spricht diese Sache sehr direkt an:

Der Tod ist nicht das letzte Kapitel unseres Lebens; er ist der Prolog, der zu Freude und Friede führt.

„Viele Christen fürchten sich beim Gedanken daran, diese Welt zu verlassen. Warum? Weil so viele von ihnen Schätze auf der Erde und nicht im Himmel gesammelt haben. Jeder Tag bringt uns dem Tod näher. Wenn sich aber unsere Schätze auf der Erde befinden, dann bringt uns jeder Tag dem Verlust dieser Schätze näher.“[5]

Meine Schätze sind im Himmel, oder – dafür bete ich – werden dort sein. Mein Vater, meine Mutter, mein Neffe Dean und meine geliebte Großmutter gehören zu den vielen Menschen, die vor mir dorthin gegangen sind und auf deren Wiedersehen im Himmel ich mich freue. Auch meine Tochter Katie wartet dort auf mich. Vielleicht hängt meine Rastlosigkeit nicht damit zusammen, dass ich mein Leben langweilig finde, sondern mit etwas viel Tieferem, wie C. S. Lewis schrieb: „Wenn ich in meinem Innern eine Sehnsucht spüre, die keine Erfahrung in dieser Welt befriedigen kann, dann ist die wahrscheinlichste Erklärung dafür, dass ich für eine andere Welt geschaffen wurde."[6]

Der Gedanke an Situationen des Wiedersehens erinnert mich an mehrere bewegende Videos, in denen US-Soldaten von einem längeren Einsatz zurückkehren und von ihrem Hund begrüßt werden.[7] Eines meiner Lieblingsvideos ist das von Chuck, dem Boxer-Hund, der völlig durchdreht, als er seinen heimkehrenden Freund begrüßt. Das Wort „durchdrehen" beschreibt nur unzureichend die enorme Wiedersehensfreude dieses Hundes.

Letztes Jahr erlebte ich in meinem Job mit den *Texas Rangers* eine Situation, die einen Vorgeschmack auf meine künftige Wiedersehensfreude im Himmel gab. Es war ein Moment, von dem jeder Sportreporter träumt. Die *Rangers* hatten in der Saison ein paar „Walk-off"-Siege erzielt. Nach dem Spiel gingen beide Mannschaften mit ganz unterschiedlicher Körpersprache vom Feld.

In jenem besonderen Spiel gegen die *Los Angeles Angels* stand es im neunten Inning unentschieden. Der Fänger der *Rangers*, Geovany Soto, befand sich auf der Home Plate. Ich saß mit meinen Kollegen in einem mobilen Fernsehstudio, in einem Übertragungswagen. Darin befanden sich Dutzende von Monitoren mit Aufnahmen, Grafiken und Wiederholungen.

Ich leite dort die Übertragung von meinem Sitz aus vor einer riesigen Bank von Monitoren und kommuniziere per Kopfhörer mit den Kameramännern. Ich wähle dann beispielsweise eine Szene aus, und der technische Direktor drückt einen Knopf, der das entsprechende Bild direkt zu den Fernsehzuschauern sendet. In der Hektik scheint alles chaotisch zu sein, doch jede Person hat ihre spezielle Aufgabe, und alles kommt in einer emsigen Symphonie von Teamarbeit zusammen.

Bei dieser Übertragung überflog ich die Monitore und konzentrierte mich auf die intensive Anspannung von Geovany Soto. Der Closer der *Angels'* bemühte sich, das unentschiedene Spiel in ein Extra-Inning zu führen. Die anderen Spieler der *Rangers* klammerten sich an die Spielerbank und hofften, dass Soto durchkommen würde. Volle Punktzahl. Zwei Outs. Und dann passierte es. Der Ball flog tief ins linke Feld. Die Spieler der *Rangers* begannen auf und ab zu hüpfen, als der Ball auf die Tribüne zuflog und dann den Park verließ. Ein Heidenlärm brach los, und auch mein Produktionsteam explodierte. Doch wir hatten einen Job zu erledigen und mussten schließlich die Bilder unseren Fans auf den Bildschirm senden.

Die *Rangers* Elvis Andrus, Adrian Beltre und andere sprangen von der Spielerbank und sprinteten zum Home Plate, um den Held des Augenblicks zu feiern. Soto umrundete die dritte Base, warf seinen Helm vor Freude in die Luft, bevor er auf seine Teamkollegen zurannte, die das Home Plate umrundeten. Sie lächelten und warteten gespannt darauf, dass Soto eintraf, um ihn zu feiern. Kurz vor dem Home Plate vollführte Soto einen Riesensprung und warf sich in die Arme seiner Teamkollegen. Was für ein Anblick!

So dramatisch kann Sport sein! Selbst der Apostel Paulus benutzte den Sport als Illustration für geistliche Wahrheiten.

„Dies alles tue ich für die rettende Botschaft, damit auch ich Anteil an dem Segen erhalte, den sie verspricht. Ihr kennt das doch: Von allen Läufern, die im Stadion zum Wettlauf starten, gewinnt nur einer den Siegeskranz. Lauft so, dass ihr ihn gewinnt! Wer im Wettkampf siegen will, setzt dafür alles ein. Ein Athlet

verzichtet auf vieles, um zu gewinnen. Und wie schnell ist sein Siegeskranz verwelkt! Wir dagegen kämpfen um einen unvergänglichen Preis" (1. Korinther 9,23–25).

Dieser Text erinnert mich an diesen spannenden Ausgang des *Rangers-Angels*-Spiels. Es war ein gigantischer Augenblick des Sieges, jedoch absolut nichts im Vergleich mit dem „unvergänglichen Preis", den wir erhalten, wenn wir unseren irdischen Lauf beendet haben.

Ich begann mir mein „Heimkommen" in den Himmel auszumalen und mir vorzustellen, dass es ungefähr so sein könnte wie jener besondere Moment des Sieges. Ich stellte mir vor, wie ich auf all die geliebten Menschen zurenne, die vor mir im Himmel angekommen sind, und wie die Freude auf ihren Gesichtern mich dazu bringt, noch schneller zu laufen. Ich malte mir aus, wie ich mich meinen Freunden und meiner Familie in die Arme warf. Und als ich aus dieser Menschentraube wieder auftauchte, sah ich Jesus. Er begrüßte mich mit einer herzlichen Umarmung. Ich war zu Hause.

Hannah schenkt mir einen kleinen Vorgeschmack auf meine künftige Ankunft im Himmel. Wenn ich nun missgelaunt durch die Haustür komme und von ihr ohne Verurteilung freudig begrüßt werde, dann spüre ich ein Stück himmlischer Gnade. Hannah sieht in mir nur Gutes und heißt mich mit bedingungsloser Liebe willkommen. So auch Gott. Er vergisst meine Sünde und sieht nur Gutes in mir, selbst an Tagen, an denen meine Einstellung alles andere als himmlisch ist, sieht er noch immer das Gesicht meines Erlösers in mir. In Jesus gibt es keine Verdammnis mehr. Wenn wir auf dieser Erde schon ein wenig davon schmecken können, wie wundervoll muss es dann sein, endlich heimzukommen.

15
Auf Wiedersehen

„Was so besonders schwer zu ertragen ist,
wenn unsere stillen Freunde von uns gehen,
ist die Tatsache, dass sie so viele Jahre
unseres eigenen Lebens mit sich nehmen.“

– John Galsworthy –

„Heute musste ich am späten Nachmittag einen Charterflug mit den Texas Rangers nehmen. Ich wollte eigentlich nicht von zu Hause weg, denn Hannah zeigt Anzeichen, dass es bald zu Ende geht. Ich lag für einen Großteil des Nachmittags mit ihr auf dem Boden und streichelte sie. Ich gab ihr etwas von dem Trost zurück, den sie mir so oft gegeben hatte. Es fiel mir sehr schwer, mich auf den Weg zu machen und ich hätte beinahe den Flug verpasst. Die Verantwortlichen waren nicht sehr erfreut darüber, aber ich beschloss nichts zu sagen. Ich wollte nicht erklären, warum ich so spät dran war. Was hätte ich auch sagen sollen? Ich möchte jede Sekunde nutzen, die ich mit meiner Hannah noch habe.“

Als ich das Haus verließ, war ich mir ziemlich sicher, Hannah nicht mehr wiederzusehen. Am Morgen hatte ich ihr noch geholfen, ins Schwimmbecken zu kommen. Trotz ihrer nachlassenden Kraft war sie begeistert, das kalte Wasser zu spüren. Ich tat es ihr gleich und wir erlebten unser vermutlich letztes gemeinsames Schwimmen im Pool. Sie genoss es so sehr, selbst jetzt, kurz vor dem Ende. Ich glaube, das Wasser verschaffte ihren schmerzenden Gelenken ein wenig Erleichterung, während sie langsam im Kreis herumpaddelte. Ihr Körper ließ zwar nach, doch ihr Geist war noch der eines Welpen.

Als ich Hannah beobachtete, gab sie mir eine letzte Lektion mit: Verpasse niemals einen Augenblick der Freude. Zwar hatte sie in den vergangenen Wochen mehr geschlafen und offenbar Schmerzen, doch sie konnte noch immer freundlich mit dem Schwanz wedeln und einzelne Momente genießen. Sie akzeptierte einfach Tag für Tag, wie es ihr ging. Kein Selbstmitleid kam da durch. Hannah hatte gelebt. Wirklich intensiv gelebt – bis sie nicht mehr leben konnte. Was für ein Vorbild!

Ich hoffte entgegen aller Vernunft, dass mein Abschied heute nicht endgültig wäre. Aber ich wusste, dass sie müde war und dass es für sie Zeit war, zu gehen.

Vier Tage später rief ich Joni an, um von ihr auf dem Laufenden gehalten zu werden. „Hannah frisst nicht, und ich muss ihr helfen, nach draußen zu gehen. Sie kann noch nicht einmal von ihrem Kissen aufstehen. Ich möchte sie nicht allein lassen, aber ich werde auf der Arbeit gebraucht, also werde ich sehen, ob Mike und Debbie sich um Hannah kümmern können." Mike und Debbie Johnson sind unsere Nachbarn, und sie liebten Hannah sehr, was auf Gegenseitigkeit beruhte.

Ich rief Mike später am Vormittag an. Ich wusste bereits, was er sagen würde, und dennoch fühlten sich seine Worte an wie ein Schlag in die Magengrube. „Es geht ihr nicht gut." Mike und Debbie blieben den ganzen Vormittag in unserem Haus bei Hannah; sie lagen neben ihr auf dem Boden, streichelten sie und sprachen mit ihr, bis Joni nach Hause kam. Als Mike sich anbot, Joni zum Tierarzt zu begleiten, nahm sie sein Angebot dankbar an. Sie wollte dies nicht allein durchstehen.

Mike trug Hannah sanft zum Auto. Unsere Tierärztin Dr. Juli Stanek, die sich um Hannah gekümmert hatte, seit sie ein Welpe war, wartete in der Klinik auf Joni und Mike. Konnte sie noch irgendein Wunder tun?

Als Dr. Stanek Hannah sah, wusste sie, dass ihre Zeit gekommen war. Eine mitleidende, fürsorgliche Tierärztin kann den entscheidenden Unterschied machen! Sie ließ Joni Zeit, sich von Hannah zu verabschieden. Viele Tränen wurden vergossen, als Hannah friedlich von ihrem Leiden erlöst wurde. Joni verabschiedete sich für uns beide von Hannah; wir waren nachher dankbar, dass Hannah so würdevoll und gnädig einschlafen konnte.

Obwohl ich seit Monaten wusste, dass dieser Tag kommen würde, war ich einfach nicht darauf vorbereitet, wie hart mich die Nachricht treffen würde. Ich weine nicht schnell, doch jedes Mal, wenn ich an Hannah dachte, kamen Schuldgefühle in mir hoch und meine Augen füllten sich mit Tränen. *Es tut mir so leid, dass ich nicht da sein konnte. Es tut mir leid, dass ich dir nicht Kraft und Trost geben konnte, so wie du es selbstlos elf Jahre lang für mich getan hast.*

Vom Tag ihrer Operation bis zu ihrem Todestag hatten wir Hannah noch 499 Tage lang für uns. Was für ein Geschenk! In meiner tiefen Trauer war ich für diese Extrazeit überaus dankbar. „Danke, Herr, dass du Hannah in mein Leben gebracht hast. Sie war ein täglicher Segen für mich und viele andere."

Wenn ein geliebtes Tier stirbt, kommt oft die Frage auf: Wird man sich wohl im Himmel wiedersehen? Hiob schrieb: *„Alle Lebewesen hält er in der Hand"* (Hiob 12,10). Und ich persönlich liebe die Worte von Billy Graham: „Der Himmel ist der Ort vollkommener Glückseligkeit. Wenn wir Tiere um uns herum brauchen, um unser Glück vollkommen zu machen, dann können wir davon ausgehen, dass Gott dort Tiere vorgesehen hat."[1]

Ich stimme dem zu.

Hannahs fröhliche Pfotenabdrücke hatten sich tief in mein Herz gepresst und ich war unsagbar traurig. Ich dachte, ich hätte mich durch das Tagebuchschreiben auf den Abschied vorbereitet, doch ich konnte einfach nicht akzeptieren, dass sie nicht mehr da war. Vielleicht war es umso schwieriger für mich, weil ich unterwegs war, als sie starb, und sie auf ihrem letzten Weg nicht begleitet hatte. Vielleicht lag es auch an meiner Neigung, Gefühle tief in meinem Innern zu verdrängen und mit Aktivität zu kaschieren, statt mich ihnen zu stellen.

Nach Hannahs Tod war ich mehrere Wochen lang deprimiert. Ich war melancholisch und konnte keine wirkliche Energie aufbringen. Ich erledigte meine To-dos beinahe mechanisch und bemühte mich, irgendwie den Tag hinter mich zu bringen … bis ich eine Idee hatte: ein neuer Hund! Ich dachte, ein Welpe würde mich von meinem Trübsinn befreien. Joni stellte sich klugerweise dagegen.

„Du überstürzt die Dinge", sagte sie. „Du bist noch nicht bereit für einen neuen Hund. Du hast die Trauer um Hannah noch gar nicht abgeschlossen."

Ihre Antwort gefiel mir gar nicht.

Einige Abende später saß ich in meinem Lieblingssessel, Joni war bereits schlafen gegangen. *Sie ist wirklich nicht mehr da.* Die Einsamkeit überwältigte mich in diesem Moment, ich ließ endlich meinen ganzen Kummer heraus und weinte ohne Scham. *Meine liebe Hannah ist einfach nicht mehr da.* Doch nach diesem Abend, an dem ich ehrlich mir selbst und meinen Gefühlen gegenüber war, begann für mich der Heilungsprozess. Und eine von Hannahs Lektionen ergriff von mir Besitz: Ich musste mich wieder der Freude öffnen.

Joni hatte die Gelegenheit, sich von Hannah zu verabschieden. Nun war es an mir, Abschied zu nehmen. Irgendetwas zu tun, was Hannah und ich elf Jahre lang miteinander genossen hatten.

An einem Januarmorgen ging ich zum Schrank und holte die Holzschachtel hervor, in der sich Hannahs Asche befand. Ich zog meine Wanderkleidung an und musste daran denken, wie aufgeregt Hannah jedes Mal war, weil sie wusste, was als Nächstes kommen würde. Ich schüttete etwas von ihrer Asche in einen Plastikbeutel und Hannah und ich brachen zu unserem letzten Spaziergang auf.

Während ich lief, betete ich laut: „Danke, Herr, für die elf Jahre lange, treue Freundschaft von Hannah. Du wusstest, dass sie für mich der perfekte Begleiter während Jonis Krebserkrankung sein würde. Manche sagen vielleicht, Hannah sei unerwartet in unser Leben gekommen, aber ich weiß, dass du dies alles geplant hast. Es war ein vollkommener Plan mit einem wundervollen Hund."

Als ich dann zu Hannahs Lieblingspark ging, spürte ich ihre Gegenwart ganz deutlich. Ich lief zum hinteren Ende des Parks, wo Hannah immer frei herumgelaufen war, und verstreute dort ein wenig von ihrer Asche. Ich warf auch ein wenig Asche zu dem Baum hoch, in den sich die Eichhörnchen vor Hannahs eifriger Jagd geflüchtet hatten. Ich stellte mir vor, wie sie lächelnd sagte: „Ich bin immer noch da." Der Wind trug die Asche fort, während ich auf meinem Smartphone das Lied *„Tribute to a dog"* hörte, die musikalische Version der berühmten Rede von George Graham „Tribute to the dog":

„Der eine absolut selbstlose Freund, den ein Mensch in dieser egoistischen Welt haben kann, der eine, der ihn nie verlässt, der nie undankbar oder trügerisch ist, ist sein Hund. Der Hund steht seinem Herrchen in Wohlstand und Armut, in Gesundheit und Krankheit zur Seite. Er schläft selbst auf dem kalten Boden, wo der winterliche

Wind bläst und der Schnee heftig tobt, damit er nur ganz nahe bei seinem Herrchen sein kann. Er küsst die Hand, die kein Futter anzubieten hat. Er leckt die Wunden und Geschwüre, die durch die Begegnung mit den Härten der Welt entstehen. Er wacht über den Schlaf seines armen Herrchens, als wäre dieser ein Prinz. Selbst wenn alle anderen Freunde sich davonmachen – ein Hund bleibt. Selbst wenn der Reichtum vergeht und der Ruf bröckelt, bleibt ein Hund so konstant in seiner Liebe wie die Sonne am Himmel.“[2]

Ich bin so dankbar, Herr. So dankbar. Während ich mir die Tränen fortwischte, ging ich nach Hause zurück. Ich verstreute dann ein wenig von Hannahs Asche im Garten, wo wir zahllose Stunden damit verbracht hatten, mit dem Ball zu spielen. Ich nahm einen Tennisball und warf ihn ins Schwimmbecken, wo ich diesen mit etwas Asche bestreute. Es schien mir passend zu sein.

Gott hatte uns für diesen letzten Spaziergang einen sonnigen und windigen Tag geschenkt. Ich nahm den letzten Rest von Hannahs Asche und warf ihn hoch in den Wind, der die feinen Partikel weiter nach oben wehte. Die Erinnerung an Hannah wurde himmelwärts getrieben, was für ein gelungenes Abschiednehmen!

Hannah auf ihrem Krankheitsweg zu begleiten, hat mich verändert. Ich lebe seitdem bewusster im Augenblick als zuvor. Ich versuche nun ganz bewusst in der Freiheit der Gnade Gottes zu leben. Und ich nehme voller Dankbarkeit an, was jeder einzelne Tag mir bringt. Ich versuche, Freude im Kleinen zu finden, selbst wenn es mir nicht besonders gut geht. Und Hannahs würdevolle wie geduldige Annahme des Schmerzes und schließlich ihres Todes motivierten mich dazu, kühner zu werden als je zuvor. Ich möchte die Worte von Charles de Foucauld verwirklichen: „Das eine, was wir Gott absolut schulden, ist dies: Niemals vor irgendetwas Angst zu haben." Wenn wir glauben, dass Gott der ist, der er zu sein sagt, dann sollten wir uns niemals fürchten. Ich bleibe zwar noch immer hinter diesem Ziel zurück, doch ich gelange immer näher in die vertrauensvolle Abhängigkeit von ihm.

Kennen Sie die Geschichte von dem Mann, der todkrank war und seine Angst vor dem Tod seinem Arzt mitteilte?

„Bitte, Herr Doktor, sagen Sie mir, was sich im Jenseits befindet."

„Das weiß ich nicht", antwortete der Arzt ruhig.

„Sie wissen es nicht? Aber Sie sind doch Christ. Wie können Sie nicht wissen, was sich im Jenseits befindet?"

Die Hand des Arztes ruhte auf dem Türknauf des Untersuchungszimmers. Jenseits der Tür hörte man ein Kratzen und Winseln. Als der Arzt die Tür öffnete, sprang ein Hund in den Raum und warf den Arzt vor lauter überschäumender Freude fast zu Boden.

Der Arzt drehte sich zu seinem Patienten um und sagte: „Mein Hund war nie zuvor in diesem Untersuchungszimmer. Er wusste nicht, was sich darin befindet, mit einer Ausnahme. Er wusste, dass sein Herrchen darin ist. Als ich die Tür öffnete, sprang er völlig furchtlos in das Zimmer hier. Verhält es sich bei uns nicht genauso? Ich weiß nicht, wie es im Jenseits aussieht, aber eines weiß ich: Gott, mein Herr ist dort, und das ist genug."

> Wenn wir glauben, dass Gott der ist, der er zu sein sagt, dann sollten wir uns niemals fürchten.

Für mich ist dieses Wissen darum ebenfalls genug. Ich will auf dieser Erde Freude leben und mich auf die nie endende Freude des Himmels freuen, weil ich weiß, dass mein Herr dort ist.

16

Ein neuer Name, eine neue Identität

„Wer behauptet,
Liebe auf den ersten Blick existiere nicht,
der hat nie die Reinheit eines Welpen erkannt oder
tief in die Augen eines Welpen geschaut.“

– Elizabeth Parker, „Paw Prints in the Sand“ –

„Ich vergeudete zu Beginn dieses Monats viel Zeit auf Facebook, nachdem ich auf den Eintrag eines Freundes aufmerksam geworden bin, der vorübergehend gerettete Hunde aufnimmt, bis sie ein Zuhause gefunden haben.
‚Lernen Sie Savannah kennen, unseren neuen Pflegling.‘
Nur dieser kurze Text allein hätte mich sicher nicht zum Verweilen motiviert, doch es gab auch ein Foto und dieses hat mich innehalten lassen (S. 180).
Ich konnte den Blick einfach nicht abwenden von diesen verblüffenden Augen. Ich erkundigte mich bei meinem Freund über den Hund, und Joni und ich beschlossen, Savannah kennenzulernen.“

Sie können sich sicher schon denken, was geschah. Wir nahmen Savannah probeweise mit nach Hause. Die örtliche Agentur für die Aufnahme von Hunden verlangt, dass potenzielle neue Besitzer einige Wochen mit dem Hund verbringen, bevor eine endgültige Entscheidung getroffen wird, um sicherzugehen, dass die Sache funktioniert. Sobald Savannah durch die Haustür lief, war sie neugierig und vorsichtig zugleich. Offenbar konnte sie noch den Geruch des zuvor anwesenden Hundes riechen, obwohl Hannah schon seit Monaten fort war. Joni und ich hatten einen Haufen neues Spielzeug wie auch einen neuen Hundekorb, in dem Savannah sich entspannen und schlafen konnte, angeschafft.

Unser Gast war freundlich, zeigte aber keine übermäßige Zuneigung. Wir nahmen an, dass dies auf die chaotischen und unsicheren Erfahrungen zurückzuführen war, die Savannah durchgemacht hatte. Sie war rund fünfzig Kilometer nördlich unserer Stadt freilaufend aufgelesen worden. Sie hatte eine klaffende Wunde am Hinterbein. Die Wunde war verheilt, doch sie behielt eine Narbe zurück.

Nach Ablauf der zweiwöchigen Frist füllten wir die entsprechenden Formulare aus und verabredeten einen Besuch der Agentur bei uns zu Hause, damit sie sich davon überzeugen konnte, dass wir „gute“ Eltern für Savannah sein würden. (Zum Glück befragten sie nicht unsere Söhne!) Wie standen die Chancen, dass Savannah mit uns glücklich werden würde? Entsprechend der Burchett-Familientradition kam unser neuer Welpe in unser Leben, während wir mit anderen Plänen beschäftigt waren.

Alle Burchett-Hunde wurden entweder gerettet oder adoptiert. Unser ältester Sohn Matt und seine Frau Holly adoptierten ihren Golden Retriever Bailey in Nashville, als sie jung verheiratet waren. Hannahs Freundin Sadie fand ihr Zuhause bei Scott, unserem mittleren Sohn, und seiner Frau Caroline, bevor ihre beiden Kinder zur Welt kamen. Eines Tages, als unser jüngster Sohn Brett durch Waco mit dem Auto fuhr, sah er fünf Welpen am Straßenrand laufen. Er hielt an, um die Bande einzufangen, doch es gelang ihm nur einen der Welpen zu packen. Es war Liebe auf den ersten Blick und Brett nannte den kleinen Kerl „Trigger“. Ein paar Tage später fuhr er mit Trigger zum Tierarzt, um ihn durchchecken zu lassen, und so kam heraus, dass er vom fast immer tödlichen Parvovirus befallen war. Als Brett uns anrief, um uns die Neuigkeit mitzuteilen, war die Traurigkeit in seiner Stimme deutlich zu hören. „Wenigstens hat er noch erleben können, dass er geliebt wird", sagte Brett mit zitternder Stimme. Nach diesem Gespräch stand es für mich außer Frage, dass ich die Klinikkosten für Trigger tragen würde. Die nächsten zehn Tage wurde Trigger mit Infusionen behandelt, die sein Leben retteten. Heute blüht er als Bretts bester Freund auf. Sie sehen, wir kennen uns in unserer Familie ein wenig mit der Adoption von Hunden aus.

Der Begriff Adoption wird mehrfach vom Apostel Paulus in seinen Briefen an die frühen christlichen Gemeinden verwendet. Im Römerbrief spricht er darüber, um zu illustrieren, wie Gott uns sieht:

> *„Alle, die sich von Gottes Geist regieren lassen, sind Kinder Gottes. Denn der Geist Gottes, den ihr empfangen habt, führt euch nicht in eine neue Sklaverei, in der ihr wieder Angst haben müsstet. Er hat euch vielmehr zu Gottes Söhnen und Töchtern gemacht. Jetzt können wir zu Gott kommen und zu ihm sagen: Abba, lieber Vater! Gottes Geist selbst gibt uns die innere Gewissheit, dass wir Gottes Kinder sind. Als seine Kinder aber sind wir – gemeinsam mit Christus – auch seine Erben. Und leiden wir jetzt mit Christus, werden wir einmal auch seine Herrlichkeit mit ihm teilen" (Römer 8,14–17).*

Paulus kannte die römischen Adressaten gut und wusste über deren Gewohnheit der Adoption Bescheid. In dieser Kultur musste man nicht in eine Familie hineingeboren werden, um Erbe zu sein; man konnte adoptiert werden und somit dieselben Rechte haben wie Blutsverwandte. Die Adoption sorgte so für den Erhalt von Familien, und es gab keine Altersbeschränkung dafür – selbst Erwachsene konnten adoptiert werden. Durch die Adoption wurden die Schulden und Verpflichtungen der adoptierten Person ausgelöscht; sie erhielt eine neue Identität.

Dies war für uns der erste Punkt auf der Tagesordnung mit unserer neuen Hündin Savannah. Aber ihr Pflegename „Savannah“ erinnerte uns zu sehr an „Hannah“, also begannen wir über Alternativen nachzudenken. Joni und ich hatten eine Freundin namens Maggie, die jeden mit einem Lächeln und einem fröhlichen „Guten Tag“ begrüßt. Wir fanden, dass dies gut zur Persönlichkeit unserer Hündin passte, und so gaben wir ihr mit der amüsierten Zustimmung unserer Freundin den neuen Namen „Maggie“.

Die Sache hatte nur einen Haken: Unsere Hündin reagierte nicht auf den neuen Namen. Damit hatten wir schon gerechnet. Schließlich war sie vom Adoptionszentrum mit einem anderen Namen bedacht worden. Möglicherweise hatte sie sogar noch einen anderen Namen gehabt, ehe sie verloren in der texanischen Landschaft herumstreifte. Wir versuchten nun, ihr in ihrem ersten Lebensjahr einen dritten Namen anzugewöhnen! Kein Wunder, dass sie verwirrt war.

Wir setzten alles daran, unserem Welpen seinen neuen Namen beizubringen. „Maggie, komm!“ Wir gaben ihr Leckerli, wenn sie daraufhin kam und lobten sie überschwänglich. Wir taten alles, was die Internetseiten zur Hundeerziehung vorschlagen, um einen angenommenen Hund in seine neue Umgebung zu integrieren. Aber egal, was wir versuchten, es sah so aus, als ob Maggie selbst entschied, ob und wann sie auf ihren Namen reagierte. Es war frustrierend mit anzusehen, wie sie in unsere Richtung schaute, wenn wir sie riefen, um sich dann desinteressiert abzuwenden.

Später wurde mir bewusst, dass meine neue Hündin mir ihre erste Lektion beigebracht hatte. Ich verhalte mich Gott gegenüber doch genauso. Ich habe einen neuen Namen bekommen, als ich Jesus als meinen Retter annahm. Meine neue Identität, die mehrfach im Neuen Testament deutlich erwähnt wird, ist die eines „Kindes Gottes“.

„Die ihn aber aufnahmen und an ihn glaubten, denen gab er das Recht, Kinder Gottes zu werden“ (Johannes 1,12).

„Darum, liebe Brüder und Schwestern, sind wir nicht mehr unserer alten menschlichen Natur verpflichtet und müssen nicht länger ihren Wünschen und ihrem Verlangen folgen. Denn wer ihr folgt, muss sterben. Wenn ihr aber mit der Kraft des Geistes euer selbstsüchtiges Verhalten tötet, werdet ihr leben. Alle, die sich von Gottes Geist regieren lassen, sind Kinder Gottes. Denn der Geist Gottes, den ihr empfangen habt, führt euch nicht in eine neue Sklaverei, in der ihr wieder Angst haben müsstet. Er hat euch vielmehr zu Gottes Söhnen und Töchtern gemacht. Jetzt können wir zu Gott kommen und zu ihm sagen: ‚Abba, lieber Vater!‘“ (Römer 8,13–15).

„Nun seid ihr alle zu Kindern Gottes geworden, weil ihr durch den Glauben mit Jesus Christus verbunden seid“ (Galater 3,26).

„Weil ihr nun seine Kinder seid, schenkte euch Gott seinen Geist, denselben Geist, den auch der Sohn hat. Jetzt können wir zu Gott kommen und zu ihm sagen: ‚Abba, lieber Vater!‘“ (Galater 4,6).

„Wer glaubt, dass Jesus der von Gott versprochene Retter ist, der ist ein Kind Gottes. Kinder aber, die ihren Vater lieben, die lieben auch ihre Brüder und Schwestern“ (1. Johannes 5,1).

Wer bin ich also? Ein TV-Sportdirektor? Der Autor eines Buches? Jonis Ehemann? Der Vater dreier herausragender junger Männer? Ein lächerlich stolzer Großvater? All diese Dinge definieren mich bis zu einem gewissen Grad. Doch es gibt da eine Wahrheit mich betreffend, die ich nicht wirklich begreifen kann, nämlich die, dass ich ein *Kind Gottes* bin. Ähnlich wie Maggie höre ich manchmal auf meinen neuen Namen, aber manchmal wende ich mich auch ab und denke: *Damit kann ich nicht gemeint sein.*

An einen Namen zu glauben birgt große Kraft in sich. Vor vielen Jahren bekam ich aus Gründen, die ich noch heute nicht nachvollziehen kann, die Hauptrolle in unserem Musical im vierten Jahr an der Highschool. Ich hatte nie zuvor Theater gespielt und war auch kein geübter Sänger. Und doch erhielt ich irgendwie die Rolle des Don Quijote in *Man of La Mancha*. Da soll mal einer schlau draus werden! Das Stück basiert auf der Novelle *Don Quijote* von Miguel de Cervantes aus dem 17. Jahrhundert. Das Drama entpuppt sich als „Stück im Stück", gespielt von Cervantes und seinen Mitgefangenen in Erwartung des Verhörs durch die spanische Inquisition. Cervantes übernimmt die Rolle des „Ritters von der traurigen Gestalt", Don Quijote.

Es war lustig und zugleich eine Herausforderung, seitenlange Dialoge auswendig zu lernen und mein Bestes zu geben, um nicht den „unmöglichen Traum" zu vermasseln. Ich genoss es, mich auf der Bühne in einen alten Mann zu verwandeln und die Rüstung des fahrenden Ritters anzulegen.

Während ich in die Haut von Don Quijote schlüpfte, begann ich zu begreifen, dass der freundliche, naive Protagonist die Welt mit den Augen der Gnade sah. Er sah, was aus den Menschen werden könnte, statt sie so zu sehen, wie sie im Moment sind. Als er eine Prostituierte namens Aldonza trifft, betrachtet er sie wie eine Lady, behandelt sie mit Respekt und gibt ihr einen neuen Namen – Dulcinea.

Wie reagiert Aldonza darauf? Sie schlägt wütend und hasserfüllt um sich, während der ganze Schrott ihres vergangenen Lebens hervorquillt. Sie ist verzweifelt darüber, dass ihre Mutter nicht weiß, wer von ihren vielen Liebhabern Aldonzas Vater ist. Sie ist wütend auf die Männer, die sie benutzt, missbraucht und fallen gelassen haben. Und nun kommt dieser Mann daher und nennt sie „Lady“ und gibt ihr einen neuen Namen und eine neue Identität. Aldonza hasst, was aus ihr geworden ist, aber sie hasst noch mehr die Furcht daran zu glauben, dass sie sich verändern könnte. Sie hat Angst vor der Enttäuschung. Wenigstens ist ihre bisherige – wenn auch fragwürdige – Identität vertraut für sie. Und doch sieht Don Quijote in ihr eine Seele, die wertvoll ist und die erlöst werden kann.

Allmählich begreift Aldonza, dass Don Quijote aufrichtig ist, und sie beginnt zu glauben, dass der alte Mann die Wahrheit sagt und dass sie wirklich wertvoll ist. Als die Welt des Mannes von La Mancha zerstört wird und Don Quijote seinen letzten Atemzug tut, spricht der treue Knappe Sancho Panza die trauernde Frau als Aldonza an.

Sie korrigiert ihn sanft: „Mein Name ist Dulcinea.“

Ihre Identität wurde durch einen Agenten der Gnade verwandelt. Und genau das geschieht, wenn wir unser Vertrauen in Jesus Christus setzen. Gott schenkt uns eine neue Identität und nennt uns bei unserem neuen Namen: sein Kind.

Auch wir neigen dazu, um uns zu schlagen und Gott daran zu erinnern, wer wir waren und was mit uns nicht stimmt. Doch Jesus erinnert uns geduldig an unsere neue Identität. Er sagt uns, dass wir nicht mehr dieselbe Person sind und dass unsere geistliche DNA neu geschrieben wurde. Wir sind in ihm eine neue Schöpfung. Wir sind geheiligt, und wir sind Heilige. Und wenn wir glauben, dass Jesus die Wahrheit über uns sagt, dann wird das Auswirkungen darauf haben, wie wir unser Leben leben.

Ein gerechtfertigtes, geliebtes Kind Gottes – das ist kein „unmöglicher Traum“, sondern eine theologische Wahrheit.

Ich bin ein makelloses Kind Gottes. Nicht etwa aufgrund meiner eigenen Taten in der Vergangenheit, Gegenwart oder Zukunft, sondern aufgrund dessen, was Jesus am Kreuz für mich getan hat. Wann immer ich darüber ins Schwanken gerate, muss ich innehalten und mir meinen Namen in Erinnerung rufen.

Maggie wird ihren neuen Namen nur durch das Wiederholen, Lob und die Belohnung lernen. Wir machen mittlerweile echte Fortschritte. Unser Hundetrainer hat uns einen wertvollen Rat gegeben: „Benutzen Sie ihren Namen nie zum Schimpfen oder zur Bestrafung. Wenn Sie Maggie rufen, dann soll sie damit rechnen können, dass man mit ihr spielen will, ihr ein Leckerli gibt oder sie streichelt. Jedes Mal, wenn sie den Namen Maggie hört, soll das wie ein Fest für sie sein."

Ich liebe dieses Bild für mein Leben mit Jesus. Wenn er meinen Namen ruft, dann ist das ein Fest der Gnade und hat nichts mit Scham oder Strafe zu tun. Ich bin sein geliebtes Kind. Und wenn er mich bei meinem Namen ruft, dann ist das zu meinem Guten.

Dave Burchett, alias „Kind Gottes". Das klingt wundervoll, nicht wahr?

17
Die Auswirkungen unserer Geschichte

„Es wird die Welt nicht verändern,
wenn man einen Hund rettet, doch für diesen einen Hund
verändert sich die Welt für immer."

– Karen Davison –

„In den ersten beiden Wochen benahm sich Maggie wirklich hervorragend. Doch nun zeigt sie uns einige weniger nette Seiten ihrer Persönlichkeit. Sie will unabhängig sein und ist störrisch. Sie zeigt nur dann Zuneigung, wenn sie Lust dazu hat. Von Zeit zu Zeit muss sie sich auch an etwas abreagieren. Sie kaut dann auf Dingen herum, die nicht dafür gedacht sind. Und mir wird bewusst, dass die ‚Flitterwochen'-Phase, wie sie wohl bei aufgenommenen Hunden üblich ist, vorbei ist. Allerdings stand das nicht in der Broschüre der Agentur. Also gut, die Flitterwochen sind vorbei, und wir müssen uns der Herausforderung stellen, dafür zu sorgen, dass diese Beziehung funktioniert."

Ich wünschte, wir würden mehr über Maggies Vergangenheit wissen. Im Bericht des Tierarztes haben wir gelesen, dass sie eine offene klaffende Wunde an einem Bein hatte, als sie in der Nähe von Van Alstyne (Texas) aufgelesen wurde. Die Untersuchungen ergaben, dass sie unternährt war und Hakenwürmer hatte. Ansonsten hatten wir keinerlei Informationen über sie.

War sie gewollt, aber vielleicht ausgerissen?

Oder war sie nicht gewollt und man hatte sie ausgesetzt?

War sie misshandelt worden?

Hatte sie mit anderen Tieren und Menschen Kontakt gehabt?

Die Umstände ihrer persönlichen Geschichte – wer, was, wo, wann, warum – hatten ganz sicher ihr Verhalten beeinflusst.

Maggies größtes Problem war das Vertrauen. Das konnte ich gut nachvollziehen, schließlich war sie eingefangen und in Pflege gegeben worden und ist am Ende bei uns gelandet. Wenn ich als Kind so herumgereicht worden wäre, hätte auch ich Probleme mit dem Vertrauen. Doch, Moment mal! Ich habe all diese Dinge nicht erlebt und trotzdem fällt es mir noch schwer, zu vertrauen.

Natürlich ist Maggie kein Einzelfall. Viele aufgenommene Hunde bringen ein schwieriges Verhalten mit sich. Manche zeigen große Trennungsangst, was manchmal darauf zurückzuführen ist, dass sie als Welpen zu früh von der Mutter getrennt wurden. Und wenn sich ein Hund eine längere Zeit allein durchschlagen musste, kann er hinsichtlich seines Futters und Spielzeugs gefährlich besitzergreifend reagieren. Jedenfalls bricht es mir immer das Herz, wenn ich irgendwo einen Hund sehe, der vor der sanftesten menschlichen Berührung zurückweicht oder sich duckt.

Tag für Tag versuchte ich Maggies Verhalten und ihre Körpersprache zu deuten. Dachte sie, wir wären nur eine weitere Station auf ihrem traurigen Lebensweg? Sie schien alles, was wir ihr gaben, wertzuschätzen, doch irgendwie blieb sie misstrauisch. Hin und wieder zeigte sie uns eine freundliche Seite ihrer Persönlichkeit, doch dann zog sie sich wieder zurück und wollte sich vor uns verstecken. Sie akzeptierte es zwar, wenn wir sie streichelten, kam aber nie von selbst auf uns zu. Die Botschaft, die sie uns zu verstehen gab, lautete: „Es ist schon in Ordnung. Ich komme auch ohne euch ganz gut allein zurecht."

Ihre Überlebensfertigkeiten sorgten dafür, dass sie extrem raffiniert war. Wenn wir sie für einen Augenblick aus den Augen verloren, fanden wir sie anschließend meist an der Küchentheke, bei dem Versuch, Leckerlis zu ergattern oder an Stuhlbeinen kauend. Sobald wir ihr den Rücken kehrten, heckte sie irgendetwas aus. Ich muss zugeben, dass es mich beeindruckte, wie ein so großer Hund so verstohlen handeln konnte. Maggie hatte einfach direkt herausgefunden, wie sie es bei uns anstellen musste. Und ich wusste: Es würde sehr viel Geduld, Freundlichkeit und Beständigkeit meinerseits erfordern, ihr Vertrauen zu gewinnen. Doch was ich damals noch nicht wusste: Der vertrauensbildenden Zeit unserer Beziehung fielen drei Esszimmerstühle zum Opfer. Glücklicherweise hatte Maggie intuitiv beschlossen, die Möbel zu beschädigen, die wir ohnehin demnächst ersetzen wollten. Vielleicht war es also eher eine Meinungsäußerung, den Wohnungsstil ihres Umfelds betreffend, als ein Austoben von Maggie!

Als ich mehr Zeit damit verbrachte, Maggies Reaktionen und Ängste verstehen zu wollen, ertappte ich mich dabei, wie mir auch Dinge über mein eigenes Verhalten gegenüber meinen Mitmenschen klarwurden. Denn viel zu oft bin ich ungeduldig oder nicht gerade freundlich zu den Menschen, die mir begegnen. Ich bin schnell dabei, jemanden zu beurteilen und zu verurteilen, ohne zu wissen, welche Probleme im Leben dieser Person zu ihrem Verhalten geführt haben mögen. Warum neige ich dazu? Charles Spurgeon sagte dazu mal folgenden Satz: „Niemand irrt sich mehr in seiner Beurteilung anderer als derjenige, der eine hohe Meinung von sich selbst hat.“ Autsch! Erwischt! Da bin ich schuldig im Sinne der Anklage.

Ich gerate in diese Falle, wenn ich vergesse, wer ich bin. Ich bin ein verzweifelter Sünder, der durch Gnade gerettet wurde.[1] Ich bin wie der verlorene Sohn, der beschloss, die Familienbande zu durchtrennen, um dann um Gnade bittend zurückzukriechen.[2] Ich bin aber auch wie der ältere Bruder des verlorenen Sohnes, der sich seinem missratenen Bruder überlegen fühlte, weil er all die „richtigen" Dinge tat.[3] Ich bin der Feldarbeiter, der frühmorgens zur Arbeit erschien und mit höherem Lohn rechnete als diejenigen, die später am Tag eingestellt wurden.[4] Ich bin der Nachfolger von Jesus, der sich der Einfachheit halber in der Menge verliert, wenn es zu brenzlig wird, die Person, die geschworen hat, niemals einen Rückzieher zu machen, und die Jesus doch immer wieder durch ihre Worte und Taten verleugnet.

Unerklärlicherweise bin ich zugleich von Gott geliebt, weil Jesus mich gerettet hat. Ich wurde als sein Kind angenommen, mit seinem Geist versiegelt und erlöst.[5] Ich bin ein Freund Gottes.[6] Ich habe Vergebung erfahren. Und Gott liebt mich aufgrund des vollendeten Werkes seines Sohnes Jesus, und selbst an meinem schlimmsten Tag sieht Gott Jesus in mir.[7]

Wenn ich all das vergesse, wer ich bin, dann werde ich zu einer Verurteilungsmaschinerie. Ich urteile dann über die äußere Erscheinung einer Person und ihre Position, ohne mir die Zeit zu nehmen, sie besser kennenzulernen. Manchmal ertappe ich mich dabei selbst auf frischer Tat, was sehr entmutigend ist.

In einem sehr überzeugenden Lied singt die Country-Gruppe *Sawyer Brown* von der Gefahr, Menschen vorschnell zu verurteilen. Dieses Lied („*They don't understand*") erinnert mich daran, dass jemand, der sich mir gegenüber mürrisch oder verärgert benimmt, vielleicht gerade mit einer persönlichen Tragödie kämpft, die einen emotionalen Absturz verursacht hat.

Ich habe das selbst erlebt, als ich von einem der ersten Arzttermine Jonis nach ihrer Brustkrebsdiagnose nach Hause fuhr. Wir hatten vom behandelnden Arzt gehört, welche Optionen uns offenstanden und wie sich unser Weg im nächsten Jahr gestalten würde. All diese Informationen zu verarbeiten hatte uns schier erdrückt. Joni und ich waren getrennt mit zwei Autos zu diesem Termin gefahren. Als wir dann die Arztpraxis verließen, folgte ich ihr. Sie war zerstreut und verpasste eine Abbiegung. Sie fuhr dann in die nächste Seitenstraße, wo sie links abbiegen und kehrtmachen konnte. Vorübergehend blockierte Joni die linke Spur. Der Fahrer im Auto direkt hinter ihr begann sofort zu hupen und zu gestikulieren. Ich sah die Situation aus meinem Wagen mit an und dachte: *Dieser Typ ist echt arm* (oder so ähnlich). *Würde dieser … äh … nicht gerade nette Fahrer sich wohl anders benehmen, wenn er wüsste, wie es meiner Frau geht? Ich würde ihn gern darüber aufklären!* Aber nein, er war voll und ganz mit seiner Sorge beschäftigt, dreißig Sekunden seiner Zeit zu verlieren, während Joni über ihre Gesundheit, ihre Familie, ihren Job und vielleicht über ihr Leben nachdachte.

Es demütigt mich zu wissen, dass Gott so geduldig mit mir ist, während ich mich bemühe, weniger wie ich und mehr wie er zu sein.

Ich war so wütend auf diesen egoistischen Fremden. Aber die Wahrheit ist: Ich verhalte mich oft auch so. Ich bin genauso fähig, fast alles zu tun, was mich bei anderen ärgert. Und es demütigt mich zu wissen, dass Gott so geduldig mit mir ist, während ich mich bemühe, weniger wie ich und mehr wie er zu sein.[8]

Das Schlimme aber ist, dass viele nicht gläubige Menschen gerade Christen als verurteilend und weniger liebend empfinden. Zu dem Ergebnis kam die *Barna Research Group*, als sie eine Befragung unter Menschen durchführte, die zwischen 1965 und 2002 geboren wurden. Achtzig Prozent der Befragten gaben an, der Begriff „verurteilend“ treffe ihrer Meinung nach vor allem auf die heutige Christenheit zu.[9]

Als Jesus im Tempel lehrte, wandte er sich an diejenigen, die seine

Heilung eines Mannes am Sabbat verdammten: *„Richtet nicht nach dem äußeren Schein, sondern urteilt gerecht!“ (Johannes 7,24).*

Ich will mir diesen Rat zu Herzen nehmen. Und ich nehme mir vor: Ich beginne in der nächsten Woche ganz praktisch damit, wenn ich während meiner Reise nach San Francisco durch die Straßen laufe. Dann will ich ganz bewusst meine Reaktionen auf die Menschen überprüfen, denen ich begegne. Und ich werde wohl feststellen, wie oft ich versage.

Selbst wenn ich bewusst auf meine Gedanken achte, kritisiere ich selbstgefällig schlechtes Aussehen und schlechte Frisuren. Ich richte in Gedanken über Menschen, ohne die leiseste Ahnung von ihrer Geschichte oder ihrem Herzen zu haben. Wie arrogant von mir, andere nicht durch die Brille der Gnade, sondern aus einem anderen Blickwinkel zu betrachten.

Wie viel Schaden wurde wohl schon im Namen von Christus durch wohlmeinende oder einfach durchschnittliche Kirchgänger angerichtet? Wie viel Schaden habe ich selbst durch leichtfertige Verurteilungen und Kommentare angerichtet? Hat vielleicht sogar jemand das Leben mit Christus abgelehnt, weil ich ihn schlecht repräsentiert habe?

In einem bekannten Abschnitt im Römerbrief, den wir mal wieder öfter lesen sollten, spricht der Apostel Paulus ohne Schnörkel darüber, wie wir „jene Leute“ (Menschen, die Gott nicht anerkennen) verurteilen:

> *„Aber auch ihr anderen – wer immer ihr seid – könnt euch nicht herausreden. Ihr spielt euch als Richter über alle auf, die Unrecht begehen, und sprecht euch damit euer eigenes Urteil. Denn ihr klagt bei anderen an, was ihr selbst tut. Wir wissen, dass Gott über alle, die so handeln, ein gerechtes Urteil fällen wird.*

Meint ihr etwa, ihr könntet dem Gericht Gottes entgehen, wo ihr doch genauso wie die handelt, die ihr verurteilt? Ist euch Gottes unendlich reiche Güte, Geduld und Treue denn so wenig wert? Seht ihr denn nicht, dass gerade diese Güte euch zur Umkehr bewegen will? Ihr aber weigert euch hartnäckig, zu Gott zu kommen und euer Leben zu ändern. Es ist allein eure Schuld, wenn Gottes Zorn auf euch immer größer wird und euch schließlich am Tag des Gerichts mit ganzer Härte trifft" (Römer 2,1–5).

Sehr ernüchternd, nicht wahr? Gott ist Liebe, aber seine Liebe ist nicht blind. Unsere Taten, unsere Gedanken, unser Herz verurteilen uns. Doch die gute Nachricht kommt ein wenig später im Brief des Apostels: Es gibt keine Verdammnis für die, die an Jesus Christus glauben.[10] Er ist unsere Hoffnung.

Der amerikanische Theologe und Ethiker Russell Moore schlägt daher folgende hilfreiche Strategie vor:

„Viel zu lange haben wir Ungläubige dazu aufgefordert ‚Jesus in ihr Leben einzuladen'. Jesus will gar nicht in unser Leben kommen. Unser Leben ist ein Wrack. Jesus ruft uns in sein Leben hinein. Und sein Leben ist weder langweilig noch sinnlos oder statisch. Es ist wild, aufregend und unvorhersehbar."[11]

Als ich einmal darüber nachdachte, wie wenig wir als Gemeinschaft von Christen von dem entscheidenden Prinzip verstehen, um das Baseballteams so gut wissen *(Ein großartiges Team feiert die Stärken eines jeden Spielers, und es arbeitet zusammen, um die Schwächen eines jeden Spielers zu kompensieren.)*, wurde mir Folgendes bewusst: Allzu oft konzentrieren wir uns auf die Schwächen statt auf die Talente, die Gott jemandem gegeben hat. Oder aber wir erkennen seine

Talente an, machen aber mehr Aufhebens um seine Schwächen. Wir alle sind eine Mischung aus Talenten und Mängeln. Henri Nouwen sagte dazu einmal:

„In dem Maße, wie wir begreifen, dass unsere Identität nicht in unserem Erfolg, unserer Macht oder unserer Beliebtheit verwurzelt ist, sondern in Gottes unendlicher Liebe, in dem Maße werden wir unser Bedürfnis, andere zu verurteilen, überwinden.“[12]

Ich muss diese Neigung, andere zu verurteilen, überwinden. Meine Identität ist nicht darin begründet, dass ich mich anderen überlegen fühle, so anregend das auch sein mag. Meine wahre Identität aber gründet sich auf die erstaunliche und erlösende Gnade Jesu, der mich „Freund“ nennt. Und sie ist real. Ich bete daher, dass der Heilige Geist mein Herz für all die Dinge bricht, die das Herz von Jesus brechen, und dass ich lerne, meine Menschen mit seinen Augen zu sehen.

Maggie, ich bin dir dankbar für diese Lektion. Dass ich lernen darf, meinen aufgenommenen Welpen mit seiner unbekannten Vergangenheit mit den Augen der Gnade zu sehen, wie auch Menschen mit den Augen der Gnade zu sehen.

Mittlerweile erkennen Joni und ich auch dank geduldiger Liebe und Bestätigung Fortschritte in Sachen Vertrauen bei Maggie. Sie vertraut uns mit jedem Tag ein wenig mehr und akzeptiert unsere Gesten der Zuneigung. Sie entspannt sich allmählich und richtet sich in ihrem neuen Zuhause ein. Und ihr Beispiel motiviert mich dazu, meine eigene Dankbarkeit auszudrücken:

„Danke, Vater, dass du mich trotz meines Ballasts, meiner Vergangenheit, liebst und annimmst, und danke für die Menschen in meinem Lebensumfeld, die dasselbe tun.“ Ich will weiter Fortschritte darin machen, dieser Liebe zu vertrauen und sie anzunehmen.

18
Sitz! Bleib!

„Hunde handeln genauso, wie wir handeln würden, wenn wir uns nicht schämen würden."

– Cynthia Heimel –

„Maggie ist eine junge Labrador-Hündin, gemischt mit einigen anderen, mysteriösen Genen. Sie ist ein hüpfendes, wackelndes, siebenundzwanzig Kilo schweres Bündel voll unbändiger Energie. Entdeckt sie bei uns zu Hause eine neue Person, kann sie nicht anders, als an ihr hochzuspringen. Seltsamerweise schätzen es einige Leute nicht so sehr, wenn eine fast dreißig Kilo schwere Kreatur auf diese Weise in ihre persönliche Sphäre eindringt. Äußerst merkwürdig! Also müssen wir es schaffen, ihr dieses schlechte Benehmen abzugewöhnen oder aber wir werden zu Einsiedlern."

Heute meldeten wir Maggie für ein Hundetraining an. Das Erste, was ihr Trainer Tony uns sagte, war ganz zutreffend: „Zuallererst müssen Sie ihr die Kommandos ‚Sitz!' und ‚Bleib!' beibringen. Hat sie das erst einmal gelernt, kann sie weder hochspringen noch sich schlecht benehmen."

Danke. Stimmt! Wissen wir. Doch Moment mal ... Steckt darin nicht auch eine weitere Lektion für mich auf meiner persönlichen „Jüngerschaft-mithilfe-meines-Hundes-Reise"?

Maggie musste lernen, dem Kommando „Sitz!" zu gehorchen, um keine weiteren Verhaltensfehler zu begehen. Und auch ich muss mich manchmal „hinsetzen" und in einem geistlichen Sinne „bleiben", besser gesagt „verweilen". Denn „verweile" ich in Christus (der geistlichen Variante von „Bleib!"), werde ich ermutigt und gestärkt, der Sünde zu widerstehen.

Doch wie genau geht das? Was bedeutet das?

Ich hörte den Begriff *„in Christus bleiben"* zum ersten Mal im Kontext einer Predigt, die sich auf folgenden Text bezog:

> *„Bleibt in mir und ich in euch! Wie die Rebe nicht von sich selbst Frucht bringen kann, sie bleibe denn am Weinstock, so auch ihr nicht, ihr bleibt denn in mir. Ich bin der Weinstock, ihr seid die Reben. Wer in mir bleibt und ich in ihm, der bringt viel Frucht, denn getrennt von mir könnt ihr nichts tun" (Johannes 15,4–5, ELB).*

Ich weiß nicht, wie es Ihnen geht, aber damals verwirrten mich diese Worte. Später schlug ich im Wörterbuch die Bedeutung von „bleiben" nach, und das half mir, ihren Sinn zu verstehen:

1.) eine bestimmte Stelle nicht verlassen, irgendwo verharren;

2.) eine Stellung, Lage, Haltung nicht verändern

Die Aufforderung Jesu *in ihm zu bleiben* bedeutet, dass wir uns als seine Nachfolger unablässig dessen bewusst sind, wer wir sind und worin unsere Kraft zu finden ist. Doch es ist im Leben verlockend und leicht, die Dinge so zu drehen, dass es um *uns* statt um Jesus geht. Der Widersacher ist ständig bemüht, uns in schlechte oder sogar gute Dinge zu verwickeln, solange wir nur nicht unseren Blick auf Jesus richten. Wenn ich beispielsweise in geistlichen Aktionismus verfalle und Jesus dabei außen vor lasse, wenn ich Dinge tue, um andere zu beeindrucken oder wenn ich mir durch irgendetwas verspreche, meine ewige Rettung zu besiegeln, dann beschäftige ich mich vielleicht mit guten, nicht aber mit lebensverändernden Dingen.

Wir sind als Christen Reben, die mit dem Weinstock verbunden bleiben müssen. Unsere Berufung ist nicht die, ein unabhängiger Weinstock zu sein, sondern die, vom lebenspendenden Weinstock abhängige Reben zu sein.

Vielleicht verstehen wir den Satz „*Getrennt von mir könnt ihr nichts tun*" ja nicht richtig. Natürlich kann ich etwas unabhängig von Jesus tun, sogar bedeutsame Dinge! Ich kann Erfolg haben, viel Geld verdienen und vielleicht Karriere machen. Doch es gibt eine Sache, die wir unter keinen Umständen unabhängig von Jesus tun können: Frucht hervorbringen, die Gott gefällt, denn die Rebe kann keine Frucht bringen, wenn sie nicht mit dem Weinstock verbunden ist.

Jesus ist der wahre Weinstock, und wenn ich mit ihm verbunden bleibe, werde ich Frucht hervorbringen. Er sagt nicht, dass ich *vielleicht* Frucht bringen werde. Er sagt auch nicht, dass ich Frucht bringen *könnte*, wenn die Umstände günstig sind, oder dass ich *dann und wann* Frucht bringen werde. Jesus sagt: Wenn ich in ihm bleibe, dann *werde* ich viel Frucht bringen. Wenn ich aber nicht in ihm bleibe, dann werde ich unfruchtbar und wertlos für ihn und für sein Königreich.

Wie können wir nun also die Frucht hervorbringen, von der Jesus spricht? Indem wir es nicht zulassen, dass unsere Beziehung zu Jesus beeinträchtigt wird; dass wir – die Reben – vom Weinstock getrennt werden.

Unsere Verbindung zu Jesus sollte keiner einmaligen, jährlichen, monatlichen, wöchentlichen oder täglichen Synchronisation entsprechen wie bei einem Smartphone oder Computer, nur um Informationen oder Musikdateien zu aktualisieren. Sie sollte vielmehr einem fortlaufenden Bewusstsein gleichkommen, das ermöglicht, dass die Frucht des Geistes reichlich in uns heranreift und ein Teil dessen wird, wer wir sind. Der Apostel Paulus benennt diese Art der Frucht sehr präzise: *„Dagegen bringt der Geist Gottes in unserem Leben nur Gutes hervor: Liebe, Freude und Frieden; Geduld, Freundlichkeit und Güte; Treue, Nachsicht und Selbstbeherrschung“ (Galater 5,22–23)*

In fortwährender Gemeinschaft mit Christus werden wir anfangen, seinen Charakter anzunehmen und diese Art von Frucht hervorzubringen. Doch dies kann nur geschehen, wenn wir ununterbrochen in dieser Beziehung *bleiben*.

Es dauerte nicht lange, bis Maggies Hundetrainer einen weiteren Schlüssel für den Zugang zu ihrem Verhalten entdeckte.

„Maggie ist nicht aggressiv. Sie hat nur gelernt, sich allein durchzuschlagen. Sie betrachtet euch daher eher als Betreuer statt als Anführer. Doch sie muss euch als Anführer wahrnehmen und anerkennen, denen sie folgen kann.“

Das erschien uns absolut einleuchtend. Maggie akzeptierte zwar all das, was wir ihr gaben – das Futter, den bequemen Hundekorb –, doch ihrer Auffassung nach war noch immer sie diejenige, die in unserem Rudel den Ton angab. Joni und ich hatten deswegen irrtümlich angenommen, Maggie versuche uns zu manipulieren. In Wirklichkeit aber hatte sie uns die Botschaft vermittelt: „Irgendjemand muss hier den Ton angeben, und da ihr das nicht tut, muss ich das wohl übernehmen.“ Als wir dann im Laufe der nächsten Wochen konsequent unsere Rolle als Anführer ausübten, fügte sie sich bereitwillig.

Diese Lektion hat mich tief berührt, denn ich stellte bei mir selbst fest, dass ich im übertragenen Sinne die Gaben meines Herrn, Gottes Gaben von Vergebung, Gnade und Errettung, mit unterschiedlichen Graden der Dankbarkeit angenommen hatte. Und viel zu oft mache ich mich der Unabhängigkeit von Gott schuldig, indem ich mich allein durchschlagen und die Führung übernehmen will. Ich denke dann: „Danke, Herr, danke für alles, aber ich möchte gern selbst die Fäden in der Hand halten."

Die Botschaft des Evangeliums lautet aber: Ich muss mich selbst hingeben und mich immer wieder daran erinnern, dass Gnade ihren eigenen, verwegenen und radikalen Weg möglich macht. Der Autor Dane Ortlund drückt das in einem seiner Bücher sehr treffend aus:

„Es ist an der Zeit, die Gnade neu zu genießen – nicht entkoffeinierte Gnade, die uns einen Klaps auf die Hand gibt, unsere tiefste Rebellion ignoriert und uns nicht verändert, sondern hochwertige Gnade, die unser Gewissen durchschüttelt und uns neues Leben einhaucht, mit einer so skandalösen Vergebung, dass wir gar nicht anders können, als verwandelt zu werden. Es ist an der Zeit, die schemenhafte Wolke der Verurteilung, die den ganzen Tag lang über uns schwebt, mit dem starken Wind des Evangeliums der Gnade fortzublasen. *‚Denn ihr seid nicht länger an das Gesetz gebunden, sondern ihr lebt von der Gnade Gottes' (Römer 6,14).*

Jesus ist real; die Gnade ist kühn; das Leben ist kurz; Risiko ist gut. Für viele von uns ist es an der Zeit, ein für alle Mal unser ‚Auf-Nummer-sicher-gehen-Christsein' aufzugeben, das nur mit den Fußspitzen das Wasser der Gnade berührt, und ganz tief einzutauchen. Es ist an der Zeit, wie Robert Farrar Capon es ausdrückt, sich an der Gnade zu berauschen – an kühner Gnade."[1]

In Kapitel acht schrieb ich darüber, wie wichtig es ist, die Sünde abzuschütteln, die unseren Lauf behindert und uns zu Fall bringen will. Das klingt einschüchternd und vielleicht sogar unmöglich, doch der

Schreiber des Hebräerbriefes fasst in einem aussagekräftigen Satz zusammen, wie das möglich ist:

> *„Dabei wollen wir nicht nach links oder rechts schauen, sondern allein auf Jesus. Er hat uns den Glauben geschenkt und wird ihn bewahren, bis wir am Ziel sind“ (Hebräer 12,2).*

So ist das. Es gibt keinen anderen Weg, dieses Leben konsequent zu leben als nur durch das beständige Aufschauen zu Jesus. Der Apostel Petrus illustrierte dieses Prinzip eindrücklich mit folgendem bekannten Beispiel:

> *„Die Jünger waren schon weit draußen auf dem See, als ein Sturm heraufzog. Der starke Gegenwind peitschte die Wellen auf und machte dem Boot schwer zu schaffen. In den frühen Morgenstunden kam Jesus über den See zu ihnen. Als die Jünger ihn auf dem Wasser gehen sahen, waren sie zu Tode erschrocken. ‚Es ist ein Gespenst!‘, meinten sie und schrien voller Entsetzen. Aber Jesus sprach sie sofort an: ‚Habt keine Angst! Ich bin es doch, fürchtet euch nicht!‘“*

Ich liebe es, wie der leidenschaftliche Glaube von Petrus in den nächsten Versen beschrieben wird:

> *„Da rief Petrus: ‚Herr, wenn du es wirklich bist, dann befiehl mir, auf dem Wasser zu dir zu kommen.‘ – ‚Komm her!‘, antwortete Jesus. Petrus stieg aus dem Boot und ging Jesus auf dem Wasser entgegen.“*

Alles lief gut für den kühnen Petrus, als er seine Augen auf Jesus richtete und im Glauben voranschritt. Doch dann …

> *„Kaum war er bei ihm, da merkte Petrus, wie heftig der Sturm um sie tobte. Er erschrak, und im selben Augenblick begann er zu sinken. ‚Herr, hilf mir!', schrie er. Sofort streckte Jesus ihm die Hand entgegen, hielt ihn fest und sagte: ‚Vertraust du mir so wenig, Petrus? Warum hast du gezweifelt?'"* (Matthäus 14,24–31).

Für mich gilt genau dasselbe. Wenn ich meinen Blick auf Jesus gerichtet halte, habe ich die Kraft, kühn zu sein und kann Frucht hervorbringen, die Gott gefällt.

Wenn Maggie nicht zur Ruhe kommt, dann gebe ich ihr das Kommando, sich hinzusetzen, damit sie sich beruhigen und das Richtige tun kann. Wenn sie dann sitzen bleibt und sich sammelt, läuft es anschließend gut für sie.

Gelingt es mir nicht, mein Denken und Handeln zur Ruhe zu bringen, dann muss mich der Heilige Geist liebevoll, aber sehr feste anstupsen, mich hinzusetzen … zu verweilen … und mich Jesus zu überlassen. Nur dann wird mir bewusst, dass ich meinen Blick von Jesus abgewandt habe. Im Verweilen allerdings kann ich mich auf seinen Frieden, seine Liebe, seine Vergebung und Gnade konzentrieren.

Auch wenn ich besorgt, ängstlich, voller Zweifel oder traurig bin, darf ich mich hinsetzen, verweilen, mich Jesus hingeben und auf ihn blicken, der mir den Glauben geschenkt hat und ihn bewahren wird.

Der Apostel Paulus verbrachte mehr als zwei Jahre damit, die jungen Gläubigen in Ephesus zu lehren und sie zu Jüngern auszubilden, bevor er seine Missionsreise fortsetzte. Es dauerte aber nicht lange, bis die einst engagierten Bekehrten in ihre alten Gewohnheiten der Unmoral, des Lügens, Stehlens und Lästerns zurückfielen. Mit anderen Worten: In der Gemeinde in Ephesus herrschte das reinste Chaos. Paulus, der um die anfängliche Begeisterung der Gläubigen in Ephesus wusste, erfuhr, was passiert war, und schrieb daraufhin einen Brief an die Gemeindeleiter, um diese traurige Entwicklung anzusprechen.

Sein Brief klingt keineswegs so, wie meiner klingen würde, wenn ich an Paulus' Stelle gewesen wäre. Ich hätte vermutlich ungefähr so begonnen: „Was ist nur mit euch los, Leute? Wisst ihr eigentlich, wie peinlich das alles ist, vor allem wenn man bedenkt, wie viel ich für euch geopfert habe?"

Paulus geht anders vor. Die Probleme spricht er tatsächlich erst nach etwa der Hälfte des Briefes an. Er beginnt aber damit, die vom Weg abgeirrten Nachfolger daran zu erinnern, wer sie sind, und von Herzen für sie zu beten.

> *„Das ist auch der Grund, warum ich mich so über euch freue. Seitdem ich von eurem Glauben an den Herrn Jesus und von eurer Liebe zu allen Christen erfahren habe, höre ich nicht auf, Gott dafür zu danken. Jedes Mal, wenn ich bete, denke ich auch an euch. Ihn, den Gott unseres Herrn Jesus Christus, den Vater, dem alle Herrlichkeit gehört, bitte ich darum, euch durch seinen Geist Weisheit und Einblick zu geben, sodass ihr ihn und seinen Plan immer besser erkennt. Er öffne euch die Augen, damit ihr seht, wozu ihr berufen seid, worauf ihr hoffen könnt und welches unvorstellbar reiche Erbe auf alle wartet, die zu Gott gehören. Ihr sollt erfahren, mit welcher unermesslich großen Kraft Gott in uns, den Glaubenden, wirkt. Ist es doch dieselbe gewaltige Kraft, mit der er am Werk war, als er Christus von den*

Toten auferweckte und ihm in der himmlischen Welt den Ehrenplatz an seiner rechten Seite gab!" (Epheser 1,15–20).

Wenn man sich daran erinnert, wer man ist, dann kann man Stürme und Widrigkeiten überstehen. Paulus erinnerte die Epheser auf eindrucksvolle Weise daran, dass sie von Gott angenommen, erlöst und versiegelt worden waren. Und dann betete er erneut für sie.

„Darum knie ich nieder vor Gott, dem Vater, und bete ihn an, ihn, dem alle Geschöpfe im Himmel und auf der Erde ihr Leben verdanken und den sie als Vater zum Vorbild haben. Ich bitte Gott, euch aus seinem unerschöpflichen Reichtum Kraft zu schenken, damit ihr durch seinen Geist innerlich stark werdet. Mein Gebet ist, dass Christus durch den Glauben in euch lebt. In seiner Liebe sollt ihr fest verwurzelt sein; auf sie sollt ihr bauen. Denn nur so könnt ihr mit allen anderen Christen das ganze Ausmaß seiner Liebe erfahren. Ja, ich bete, dass ihr diese Liebe immer tiefer versteht, die wir doch mit unserem Verstand niemals ganz fassen können. Dann werdet ihr auch immer mehr mit dem ganzen Reichtum des Lebens erfüllt sein, der bei Gott zu finden ist. Gott aber kann viel mehr tun, als wir jemals von ihm erbitten oder uns auch nur vorstellen können. So groß ist seine Kraft, die in uns wirkt. Deshalb wollen wir ihn mit der ganzen Gemeinde durch Jesus Christus ewig und für alle Zeiten loben und preisen. Amen" (Epheser 3,14–21).

Ich stelle mir vor, wie die Gemeindeleiter Paulus' Brief voller Furcht, Zittern und Scham geöffnet haben müssen. Sie rechneten mit scharfer Kritik; sie wurden aber stattdessen mit Gnade überschüttet. Sie hatten menschlich gesehen versagt, doch Paulus erinnerte sie an den

Einen, der keine Fehler macht. Und erst nachdem Paulus ihnen gegenüber die Liebe Gottes bekräftigt hatte, begann er, über die Sünde der Epheser zu sprechen.

Was für ein Unterschied zwischen diesem Vorgehen und dem, was viele von uns erleben. Neigen wir nicht dazu, zuallererst die Sünde anzusprechen?

Hör damit auf!

Lass das sein!

Mach es besser!

Ach, und übrigens: Jesus liebt dich.

Oder schlimmer:

Er wird dich lieben, wenn du dich besserst.

Paulus entschied sich dafür, die Gnade voranzustellen: Denkt daran, wer ihr seid! Ihr seid Heilige! Geliebte! Gottes Kinder! Erlöst! Wir dürfen uns diese Wahrheiten zu eigen machen!

Sitzen. Verweilen. In Jesus bleiben. Den Blick auf ihn gerichtet halten. Wenn wir erst einmal damit aufhören, darum zu kämpfen, besser werden zu wollen, und uns stattdessen auf diese vier Dinge konzentrieren, dann wird etwas Erstaunliches passieren: Wir werden besser. (Und Maggie bringt mir altem Knochen bei, dass ich darin immer wieder Auffrischungskurse benötige.)

Jesus nachzufolgen bedeutet keineswegs, im Leben keinerlei Mühe zu haben; es erfordert Arbeit. Doch unsere eigentliche Aufgabe besteht darin, uns auf Jesus zu fokussieren und zu erfahren, welch große Auswirkungen das auf unser Leben hat. Unseren Blick von uns weg auf Jesus hin zu richten, bedeutet harte Arbeit, es ist ein Opfer.

„Darum lebe nicht mehr ich, sondern Christus lebt in mir! Mein vergängliches Leben auf dieser Erde lebe ich im Glauben an Jesus Christus, den Sohn Gottes, der mich geliebt und sein Leben für mich gegeben hat" (Galater 2,20).

Sollte ich diese Wahrheiten vergessen und in Versuchung geraten zu sündigen, dann will ich mich einfach an das erinnern, was ich Maggie sage, wenn sie sich schlecht benimmt, wenn sie auf uns losstürzt und an uns hochspringt. Dann muss ich eine klare Ansprache parat haben, damit sie lernt, wo ihre Grenzen sind. Sie muss sich dann beruhigen und innehalten. Also rede ich ruhig, aber fest und freundlich mit ihr.

Sitz!

Bleib!

Maggie lernt, dass sie dafür belohnt wird, wenn sie sich hinsetzt und ruhig bleibt. Sie wird anschließend wieder spielen können, ein Leckerli oder die Streicheleinheiten bekommen, auf die sie gehofft hat.

19

Sanfte Führung

„Mir kommt es so vor,
als habe Gott uns in seiner unendlichen Weisheit
drei Dinge geschenkt, die das Leben
erträglich machen : Hoffnung, Scherze und Hunde –
und Hunde sind davon das Größte."

– Robyn Davidson[1] –

„Heute hat Maggie mich auf eine ‚Zieh-Partie' ausgeführt. Doch ich würde mir wünschen, dass ihre Vorstellung von einem Spaziergang künftig mehr der meinen entspricht, also haben wir einiges an Arbeit vor uns. Entweder finde ich eine Möglichkeit, ihr beizubringen, mich nicht an der Leine durch die Nachbarschaft zu ziehen, oder aber ich werde zehn weitere Labradore wie sie aufnehmen und mich für das Iditarod-Hundeschlittenrennen in Alaska anmelden. Da ich aber keine Lust habe, in Alaska zu frieren, werde ich wohl mit Maggie trainieren, wie sie schön neben mir hergeht, anstatt vor mir herzugehen und mich hinter sich herzuziehen."

Maggie hat wirklich Fortschritte gemacht, was das Befolgen der Kommandos angeht, doch im Hinblick auf das Spazierengehen braucht sie noch ein paar Trainingsstunden extra. Unser Hundetrainer gab uns den Tipp, eine Vorrichtung namens „Gentle Leader" zu benutzen. Er erklärte uns, wie diese Erziehungshilfe für Leinenzieher funktioniert, und wir kauften sie. Dabei handelt es sich um ein Geschirr, das man über den Kopf und die Schnauze des Hundes zieht, das ihn jedoch nicht so sehr einschränkt wie ein Maulkorb. Maggie kann damit schnüffeln, trinken und ohne Einschränkung ihre Umwelt erkunden. Wir fuhren vom Laden nach Hause und probierten unsere neueste Errungenschaft direkt aus. Es war tatsächlich verblüffend.

Maggie versuchte mehrmals die Kontrolle zu übernehmen, doch jedes Mal machte ich mit einem kurzen Ruck an der Leine klar, dass ich nun das Sagen hatte. Sie gehorchte direkt. Ich hatte mittlerweile erfahren, dass viele Hunde instinktiv an einer Leine oder einem Schultergeschirr ziehen. Maggies Instinkt war in dieser Hinsicht besonders stark ausgeprägt. Mit dem Kopfhalter konnte ich sie nun allerdings leicht und sanft führen. Es war, als hätte sich jemand ins Haus geschlichen und Maggie gegen einen neuen Hund ausgetauscht. (Nur um eines klarzustellen: Ich bin kein bezahlter Werbeträger für diese Erziehungshilfe – ich bin einfach nur ein zufriedener Hundebesitzer.)

Später am Tag musste ich über den bemerkenswerten Unterschied nachdenken. Bevor ich diese Lösung gefunden hatte, hatte Maggie um die Kontrolle gerungen, und ich hatte Mühe gehabt, ihre Kraft in Schach zu halten. Mit der neuen Leine fügte sich Maggie nun mir als dem Anführer der Meute. Sie war entspannter und glücklicher, und es machte viel mehr Spaß, mit ihr zusammen zu sein.

Auch hier ergab sich wieder eine Lektion für mich. Ich wusste mittlerweile, dass Gottes zeitliche Planung für diese Lektionen entweder amüsant oder irritierend sein konnte. In diesem Fall war sie irritierend. Ich befand mich nämlich auf meinem Weg mit Jesus selbst in einer Phase des Kampfes um die Kontrolle. Natürlich wollte ich mein Leben mit ihm gestalten. Doch in meinem Herzen behielt ich mir das Recht vor, zu ziehen, umzulenken und die Kontrolle zu übernehmen, wenn ich das Gefühl hatte, Gott kontrolliere nicht wirklich die Situation und verstünde vielleicht nicht, was ich durchmachte. Und ich muss jetzt gerade zugeben: Dieses Eingeständnis sieht schwarz auf weiß noch schlimmer aus als in meinem Kopf.

Jesus lehrte uns, dass wir seinen Frieden nicht erleben, wenn wir ihm nicht erlauben, uns mit seiner Kraft zu erfüllen. Er sprach dabei nicht von einem Geschirr, sondern von einem „Joch", und er versicherte, sein Joch sei „sanft" und seine Last „leicht":

> *„Kommt her zu mir, alle ihr Mühseligen und Beladenen! Und ich werde euch Ruhe geben. Nehmt auf euch mein Joch, und lernt von mir! Denn ich bin sanftmütig und von Herzen demütig, und ihr werdet Ruhe finden für eure Seelen; denn mein Joch ist sanft, und meine Last ist leicht" (Matthäus 11,28, ELB).*

Im Grunde wissen wir doch schon nach einigen Umdrehungen auf der Achterbahn des Lebens, dass unsere Reise nicht „leicht" ist. Ich musste an die Verluste denken, die ich schon durchgemacht hatte, und an einige Schwierigkeiten, mit denen ich gerade kämpfte. Ich war verwirrt. Wie meinte Jesus das nun mit seiner Aussage „Meine Last ist leicht"? Die Lasten des Lebens sind eindeutig schwer. Nichts ist leicht angesichts von Schmerz, Kummer und Verlust.

Ich las erneut die einladenden Worte Jesu: „Kommt her zu mir." Niemand muss die Schwierigkeiten des Lebens allein durchstehen, aber tatsächlich drängt sich Jesus niemandem auf. Wir haben die Möglichkeit, jederzeit zu Jesus zu kommen, wenn wir dazu bereit sind.

Als Jesus auf dieser Erde lebte, wurden Ochsen für die Feldarbeit mit einem hölzernen Joch nebeneinander eingespannt; es war eine Art Balken, der über den Schultern der Tiere befestigt wurde, damit sie in dieselbe Richtung liefen. Die Ochsen teilten sich so die mühevolle Arbeit, um die Aufgabe zu bewältigen.

Dieses Bild passt sehr gut zu meinem Bild von einem leistungsgetriebenen Glauben. Natürlich wusste ich, dass Jesus bei mir ist, aber ich beschloss, meine Last allein zu tragen. Das Problem dabei ist: Diese Einstellung ist nicht biblisch und sogar gefährlich.

Jesus spricht in diesem Abschnitt nicht über physische Lasten, sondern über das Joch der Torah, des mosaischen Gesetzes, und seine jüdischen Zuhörer wussten das genau. Das Joch des Alten Testaments bedeutete Unterwerfung unter die Autorität des Gesetzes. Die Juden wussten, dass es unmöglich war, das ganze Gesetz zu halten, doch sie versuchten es trotzdem weiter. Jesus hingegen bot ihnen sein Joch der Gnade an. Verglichen mit den unmöglich zu erfüllenden Standards der Pharisäer und des Gesetzes war das Joch Jesu leicht.

Jesus macht hier allerdings noch ein anderes bedeutsames Angebot. *„Lernt von mir! Denn ich bin sanftmütig und von Herzen demütig."*

Jahrelang mühte ich mich verbissen darum, meine Last zu tragen, während Jesus mir einen besseren Weg anbot. Ich muss das nicht komplett verstehen, um von Jesus geliebt zu sein. Ich muss mich nur dafür öffnen. – „Lernt von mir."

Ich verbrauchte meine ganze Kraft bei dem Versuch, mehr zu tun, um ihm zu gefallen, selbst als er mir zuflüsterte: „Ich bin sanftmütig und von Herzen demütig. Dein Vertrauen und dein Glaube gefallen mir, nicht deine freudlosen Bemühungen, besser zu werden."

Die Bauern zur Zeit Jesu wussten, dass man einen jungen Ochsen ausbildete, indem man ihn gemeinsam mit einem erfahrenen Ochsen einspannte. Der reifere Ochse trug dabei den Großteil der Last, während der jüngere an seiner Seite ging und lernte. James Botts verdeutlicht diese Strategie eines klugen Landwirts folgendermaßen:

„Nun, sehen Sie, es ist so: Der ältere Ochse ist der beste, den ich je hatte; er kennt den Weg rund ums Feld. Ich stelle den jüngeren mit ihm zusammen, damit der ältere, sachkundigere Ochse ihm beibringen kann, wie man pflügt. Würde ich die beiden nicht nebeneinander einspannen, würde der jüngere nie das Pflügen lernen. Auf sich allein gestellt würde sich der jüngere Ochse zu Tode schinden, doch gemeinsam eingespannt lernt er, mit dem älteren Ochsen zusammenzuarbeiten und sich in der Kraft des Älteren auszuruhen."[2]

Ist das nicht auch ein wundervolles Bild fürs geistliche Leben? Jesus geht an meiner Seite und trägt meine Last, während ich von ihm lerne. Ich muss mich nicht bei dem Versuch abstrampeln, alles allein zu bewältigen. Jesus möchte, dass ich bereit bin, mich seiner Kraft zu fügen, statt mich auf meine eigene zu verlassen, denn er macht all denen ein Angebot, die müde, emotional ausgelaugt und unter den Lasten des Lebens gebeugt sind. Schmerz und Verlust sind Teil unseres Lebens, doch es ist tröstlich zu wissen, dass wir Frieden für unsere erschöpfte Seele finden können, selbst wenn wir trauern, zweifeln und schwanken. Insofern kann ich, wenn ich abgespannt bin, mir Zeit nehmen und bei Jesus Erholung suchen.

Jesus geht an meiner Seite und trägt meine Last, während ich von ihm lerne.

Viele Glaubensgemeinschaften haben dies aber nicht richtig begriffen. Pastor Tullian Tchividjian fasst es so zusammen: „Jesus sagte nicht: Kommt her zu mir, alle ihr Mühseligen und Beladenen, und ich werde euch eine To-do-Liste geben, damit ich euch weiterhin lieben kann. Nein, er sagte: Ich werde euch Ruhe geben."[3] Jesus hatte nie die Absicht, uns mit langen To-do-Listen herumlaufen zu sehen. Während wir uns verbissen abmühen, um zu verdienen, was uns bereits gehört, schaut er sorgenvoll auf uns herab in dem Wissen, wie sehr er uns helfen kann.

„Mein Joch ist sanft." – Joche waren auf jeden Ochsen individuell zugeschnitzt. Wenn das Joch nicht richtig passte, konnte der Ochse durch das Reiben verletzt werden und Widerstand leisten. Passte das Joch hingegen perfekt, war es für den Ochsen leicht zu tragen. Ein Tischler musste insofern das richtige Verhältnis von Stärke und Gewicht herausfinden und das Joch entsprechend anpassen, sodass der Ochse länger arbeiten konnte, ohne erschöpft zu sein. Jesus sagt, dass für uns dasselbe gilt: Er passt einem jeden von uns genau das Joch an, das er tragen kann – nicht mehr.

Justin Martyr, dessen Leben völlig umgekrempelt wurde, als er ein Nachfolger Christi wurde, verteidigte den christlichen Glauben mit großem Eifer. Er schrieb Mitte des zweiten Jahrhunderts (nur acht Jahre, nachdem das erste Evangelium (Markus) geschrieben wurde), Jesus sei ein Zimmermann gewesen, der Joche und Pflüge herstellte wie sein Vater vor ihm.[4] Justin bemerkte damit, Jesus habe sein Wissen als Zimmermann genutzt, um seinen Nachfolgern geistliche Prinzipien mit Bildern nahezubringen. Nach der mündlichen Überlieferung stellte Jesus so perfekt sitzende Joche her, dass die Menschen von weither kamen, um für ihre Ochsen passende Joche herstellen zu lassen. Ob dies stimmt oder nicht, Tatsache ist, dass Jesus mit Sicherheit wusste, wovon er sprach, als er das Bild des Joches benutzte, und dass er dessen Wirksamkeit in praktischer wie geistlicher Hinsicht kannte.

Als ich endlich aufhörte, mich mühevoll anzustrengen, um von Jesus akzeptiert zu werden, und nicht länger vom Geschirr der

Gesetzlichkeit eingezwängt war, sondern mich durch die sanfte Führung der Gnade entspannen konnte, war ich endlich frei dafür, in Christus vollständig lebendig zu sein.

Jesus wünscht sich, dass wir sein Joch anlegen. Vertrauen Sie ihm! Haben Sie Glauben! Er hat bereits die schwerste Last getragen. Ruhen Sie in ihm. Lernen Sie, „sanftmütig und von Herzen demütig" zu sein. Hören Sie auf, so hart zu kämpfen und dienen Sie aus dankbarer Liebe heraus. Jesus sagt: Wenn wir diesen Wahrheiten Glauben schenken, dann ist unsere Last leicht. Wir laufen dann leicht und natürlich neben ihm, an seiner Seite.

Daran muss ich nun immer denken, während ich beobachte, wie Maggie jedes Mal ausgelassen ums Haus herumtobt, nachdem sie mitbekommen hat, dass ich meine Wanderschuhe und meinen Kopfhörer hervorgeholt habe. Sie freut sich richtig auf unseren morgendlichen Spaziergang, seitdem sie weiß, dass ich nun die Führung in der Hand habe. Wahrscheinlich weil sie weiß, sie kann sich jetzt entspannen und alles genießen, was um sie herum geschieht. Sie muss nicht länger die Kontrolle ausüben. Lektion verstanden!

20
Korrektur aus Liebe

„Jedes Mal, wenn Hunde vor die Tür gehen,
sind sie im Urlaub.“

– unbekannt –

„Heute sind Maggie und ich den üblichen Weg gegangen. Sie schnüffelte und ich hörte Musik mit meinem Kopfhörer, während wir zügig durch den schönen texanischen Herbstmorgen schritten. Sie erblickte irgendetwas und ging auf den Bordstein zu. Ich sah, was es war, und zog sofort heftig an der Leine, um sie zu mir zurückzuziehen.

Sie sah überrascht aus, sich verwirrt fragend, was sie wohl falsch gemacht hatte, um eine so harte Korrektur zu verdienen. Tatsächlich hatte sie nichts falsch gemacht. Irgendein Schwachkopf hatte aber eine Bierflasche am Bordstein zerschlagen und die Scherben lagen genau vor ihren Pfoten. Sie hätte sich an dem scharfen Glas ernsthaft verletzen können. Ich war dankbar, dass ich es rechtzeitig gesehen hatte, doch anscheinend hatte mein hartes Einschreiten Maggie verwirrt und verletzt. Ich musste ihr irgendwie deutlich machen, dass meine Reaktion keine Strafe war, sondern ausschließlich aus Liebe und Sorge um sie motiviert war. Sofort ging ich in die Hocke, kraulte Maggies Ohren und lobte sie: ‚Alles in Ordnung. Alles gut, Maggie.'

Ich war froh, dass sie sofort wieder auflebte. Ihre Unsicherheit verflog, ihr Schwanz begann zu wedeln und ihre wunderschönen Augen glänzten wieder. Sie begriff, dass zwischen uns alles in Ordnung war."

Für mich war diese Situation wieder etwas, das mich zum Nachdenken brachte und mir eine Lektion erteilte. Denn wie oft habe ich schon verwirrt und verletzt reagiert, wenn Gott mich sanft oder auch weniger sanft von einem Weg zurückhielt, der mir geschadet hätte, während ich keine Ahnung hatte, was ich da tat? Wenn ich doch nur Gott so vertrauen und ihn lieben könnte, wie Maggie mir vertraut und mich liebt! Stattdessen beginne ich zu grübeln, wenn Gott mir eine unangenehme Überraschung beschert oder zulässt, dass ich einen Schuss vor den Bug bekomme. Ich hole dann mein Vergrößerungsglas der Übertretungen hervor, um herauszufinden, welche Sünde Gott wohl dazu veranlasst haben mag, mir seine Gunst zu entziehen, während ich hin und wieder flehende Blicke himmelwärts werfe.

Während dieses Morgenspaziergangs kamen mir die Worte von Pastor Tullian Tchividjian in den Sinn:

„Solange wir von Gott gesandte Stürme als Bestrafungen statt als Interventionen betrachten, werden wir nie besser, sondern immer bitterer. Eine Schwierigkeit, mit der Sie vielleicht aktuell konfrontiert sind, könnte durchaus ein von Gott gesandter Sturm der Gnade sein, mit dem er in Ihr Leben hineinwirken will. Sie sind in Gefahr und entweder erkennen Sie das nicht oder aber Sie wollen es nicht wahrhaben."[1]

Das Problem ist also nicht Gottes Handeln, sondern meine Reaktion darauf. Gott sieht die Glasscherben meines Lebens, auf die ich beinahe treten würde, und zieht mich liebevoll zurück. Was aber tue ich? Ich sehe die Scherben nicht, reagiere geschockt und verletzt und ziehe mich in meine Schmollecke zurück – das ist die Dave-Burchett-Methode.

Danke, Maggie, für diese neue Lektion. Du warst erschrocken und verletzt, als ich dich so hart korrigiert habe, aber dann hast du instinktiv zu mir hingeschaut. Und nachdem ich ihr versichert hatte, dass ich sie liebte und dass alles in Ordnung war, ging es ihr wieder gut. Für sie ist das so einfach. Sollte das für mich nicht ebenso sein? Doch ich stelle fest, ich bin immer noch dabei, auf Gottes Liebe vertrauen zu lernen, wenn ich seine Korrektur spüre.

Ich glaube, es fällt uns allen schwer, zwischen Strafe und Erziehung zu unterscheiden. Pastor Paul Tautges gibt diese biblisch fundierte Erklärung dazu:

„Strafe verstößt, während Erziehung zurückführt. Strafe ist für Ojekte des Zorns gedacht, während Erziehung Gottes Kindern gilt. Strafe verlangt Bezahlung für Sünde, während Erziehung korrigiert, um zu schützen und zu segnen, weil die Sünde bereits von Jesus bezahlt wurde. Strafe konzentriert sich auf vergangene Sünden, während Erziehung sich zwar auch um Sünde dreht, jedoch die künftige Segnung des Gehorsams im Auge hat, die auf echte Umkehr folgt. Aus diesem Grund ruft Bestrafung bei Gläubigen oft Wut hervor, während biblische Erziehung darauf abzielt, Kummer hervorzurufen, der zur Umkehr führt.“[2]

In der Bibelübersetzung „Hoffnung für alle“ sind die ersten zwölf Verse im Hebräerbrief, Kapitel 12 mit der Überschrift versehen: „Gott erzieht seine Kinder.“ Viele Jahre nahm ich an, Gottes korrigierendes Handeln in meinem Leben sei immer eine Strafe, die mir zeigen sollte, wie unzufrieden er mit mir war. In Wirklichkeit zeigt Gott mir damit aber, wie sehr er mich liebt.

„Trotzdem werdet ihr schon mutlos. Ihr habt wohl vergessen, was Gott euch als seinen Kindern sagt: ‚Mein Sohn, wenn der Herr dich zurechtweist, dann sei nicht entrüstet, sondern nimm

es an, denn darin zeigt sich seine Liebe. Wie ein Vater seinen Sohn erzieht, den er liebt, so erzieht der Herr jeden mit Strenge, den er als sein Kind annimmt.' Wenn ihr also leiden müsst, dann will Gott euch erziehen. Er behandelt euch als seine Kinder. Welcher Sohn wird von seinem Vater nicht erzogen und dabei auch einmal streng bestraft? Viel schlimmer wäre es, wenn Gott euch gar nicht erziehen würde. Dann nämlich wärt ihr gar nicht seine rechtmäßigen Kinder. Außerdem: Haben wir nicht unsere leiblichen Väter geachtet, die uns auch gestraft haben? Wie viel mehr müssten wir dann die Erziehung unseres göttlichen Vaters annehmen, der uns ja auf das ewige Leben vorbereitet. Unsere leiblichen Väter haben uns eine bestimmte Zeit nach bestem Wissen und Gewissen erzogen. Gott aber weiß wirklich, was zu unserem Besten dient. Denn wir sind seine Kinder und sollen ganz zu ihm gehören. Natürlich freut sich niemand darüber, wenn er gestraft wird; denn Strafe tut weh. Aber später zeigt sich, wozu das alles gut war. Wer nämlich auf diese Weise Ausdauer gelernt hat, der tut, was Gott gefällt, und ist von seinem Frieden erfüllt" (Hebräer 12,5–11).

Selbst als unvollkommener Vater – was ich zugebe, abgesehen davon gibt es Beweismaterial in Form von drei Söhnen – erinnere ich mich genau daran, wie ich meine Kinder korrigierte, um sie zu ehrlichen, freundlichen, liebenden Menschen zu erziehen. Ich hatte nicht die Absicht, ihnen das Leben schwer oder sie traurig zu machen. Ganz im Gegenteil, ich wollte ihnen beibringen, wie man fröhlich und gut leben kann. Es geht darum, die Motivation zu begreifen, die hinter dem Handeln verborgen ist.

Wenn also allein schon ein fehlerbeladener irdischer Vater im tiefsten Herzen solche Absichten hat, wie viel mehr wünscht sich wohl mein himmlischer Vater, dass ich wachse und dass es mir gut geht?

Strafe konzentriert sich auf einen vergangenen Fehler. Sie ist vermutlich verdient und kann vor künftigen Fehlern und schlechten Entscheidungen bewahren, doch sie kann nicht zur Erlösung führen, denn sie bringt negative Emotionen hervor, wie Scham, Furcht, Schuld, Bedauern und Hilflosigkeit.

Erziehung hingegen hat völlig andere Auswirkungen. Sie konzentriert sich auf das zukünftige Wachstum und dreht sich voll und ganz um Erlösung. Der Zweck einer Strafe besteht darin, aufgrund eines Fehlverhaltens Schmerz zuzufügen. Erziehung zielt hingegen darauf ab, uns zu korrigieren, damit wir geistlich reifer werden.

Was ist damit gemeint, dass Gott Erziehung im Rahmen von Gnade vollzieht? Es bedeutet, dass Gottes Lektionen, seine Lebensschule, seine Erziehung aus Liebe heraus und für unser geistliches Wohlergehen geschehen. Es bedeutet, dass Gott nicht böse auf uns ist, auch wenn er oft über unsere Sünde trauert. Es bedeutet, dass er uns nicht verurteilt oder unsere Sünden gegenrechnet. Alles, was er in uns und für uns tut, geschieht auf der Basis unverdienter Gunst.[3]

Ich weiß noch, dass es Momente gab, in denen ich meine Jungen bestrafte. Heute bedauere ich diese Momente und hoffe, dass sie nur selten vorkamen. Aber ich erinnere mich auch, dass es Momente gab, in denen mein Herz vor Liebe und Mitgefühl überfloss und ich nur den Wunsch verspürte, sie zum Guten zu korrigieren. Ich musste akzeptieren, dass sie manche Entscheidungen trafen, die nicht gut waren. Aber ich wollte sie liebevoll lenken, um ihnen die Möglichkeit zu geben, ihren Charakter zu festigen.

Solche Momente, die von dem Wunsch erfüllt waren, meine Jungen auf diese Weise zu lieben, auch wenn es für unsere Beziehung in dem Moment schmerzlich war, sind nur ein ganz blasser Abdruck von dem grenzenlosen Wunsch Gottes, dass wir zu seiner Ehre reifen.

Es ist in Ordnung, überrascht und sogar traurig zu sein, wenn wir korrigiert werden. Aber ich nehme mir Maggies Reaktion zu Herzen. Denn als sie ihr Herrchen ansah und begriff, dass sie noch immer geliebt wurde, konnte sie sich entspannen und weitergehen. So auch ich. Die Reise geht für uns beide weiter.

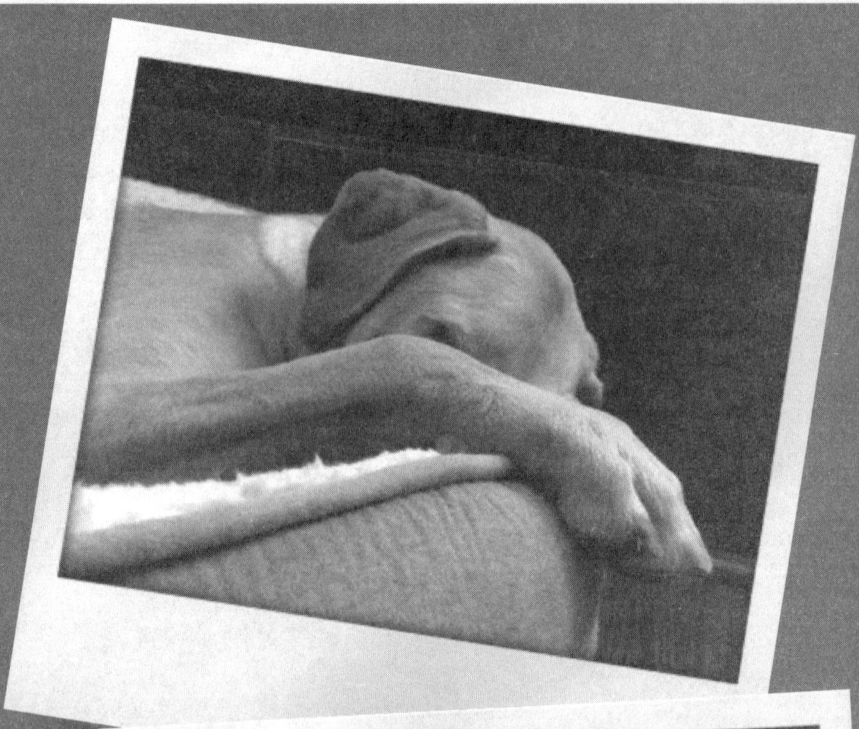

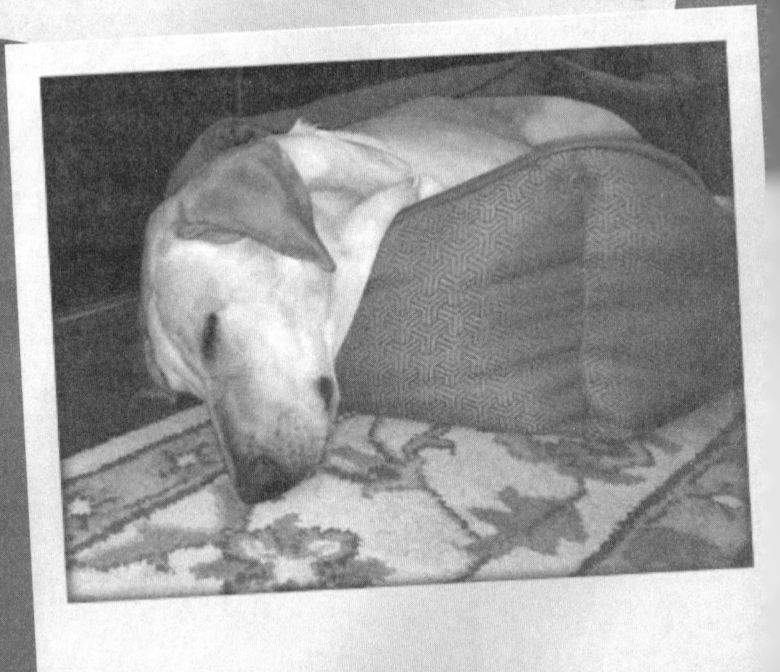

21
Verbotene Früchte

„Wenn man mit Hunden lebt,
hat man immer etwas,
worüber man schreiben kann.“

– Sharon Delarose –

„Ein wundervoller Tag mit Joni endete heute Abend weniger wundervoll in der Notfallambulanz einer Tierklinik. Wir hatten eine große Kiste roter Weintrauben gekauft, die wir in der Küche abwuschen und im Spülstein zum Trocknen liegen ließen, bevor wir uns für weitere Besorgungen auf den Weg machten. Wir hätten uns nie träumen lassen, dass Maggie in der Lage wäre, an etwas heranzukommen, das in dem tiefen Spülstein lag. Sie dagegen hatte wohl schon lange davon geträumt und ihren Traum endlich verwirklicht. Als wir nach Hause kamen, fanden wir einen glücklichen Labrador vor, der mitten zwischen ringsum verstreuten Traubenstielen saß. Maggie hatte zwei Pfund Trauben verschlungen. Wir forschten rasch im Internet nach und erfuhren, dass schon ein paar Trauben für einen Hund eine toxische Wirkung haben … ganz zu schweigen von zwei Pfund! Also fuhren wir sofort in die Notfallklinik, um Maggies Magen auspumpen und meine Brieftasche leeren zu lassen."

Zum Glück waren Joni und ich noch so zeitig zurückgekehrt, ehe die verbotenen Früchte von Maggie verdaut werden konnten. Wir kamen auch noch rechtzeitig beim Tierarzt an, der Maggie sofort ein Mittel verabreichte, das für ausgiebiges Erbrechen sorgte, um die potenziell tödlichen Toxine daran zu hindern, in ihren Verdauungstrakt zu gelangen. Man würde nicht auf die Idee kommen, Trauben für schädlich zu halten, zumal viele Tiere regelmäßig Trauben fressen. Doch wir lernten, dass Weintrauben für Hunde und Katzen verboten sind, weil sie für diese Tiere toxische Stoffe enthalten, die zu Nierenversagen führen.

Nach einer Weile rief mich der Tierarzt in ein Hinterzimmer, um Maggies „Arbeit" zu begutachten und zu bestimmen, ob sie wohl alle Trauben erbrochen hatte, die sie verschlungen hatte. Sie lag ausgestreckt, mit gespreizten Pfoten auf dem Boden und sah aus wie ein seekranker Matrose bei Wellengang. Ich war beeindruckt von der Menge der ekligen Weintraubenreste und -stiele. Doch ich war mir nicht sicher, ob sie wirklich alles erbrochen hatte, und so veranlasste der Tierarzt noch eine weitere Runde.

Die gute Nachricht lautet, dass Maggie nach einem sehr unschönen Abend, an dem sie für ihre Naschsucht bezahlen musste, wieder ganz fit war. Sie lief ein wenig schwankend zum Auto und schlief zu Hause sofort ein.

Diese Lektion war eindrucksvoll. Maggie wusste, dass sie sich nicht Futter von der Küchentheke holen darf. Sie wusste aber auch, dass ihr Herrchen fort war, sodass die Versuchung geradezu überwältigend groß war. Sie hatte dann wohl in ihrem Hundehirn beschlossen, dass der Genuss der Früchte das potenzielle Risiko einer Strafe wert war. Ich weiß nicht, ob Hunde so denken, aber wenn, hätte Maggie sicherlich auch erklärt, warum sie die Hälfte der Weintrauben für uns übrig gelassen hatte.

Das größte Risiko für sie bestand allerdings nicht darin, mit mir in Konflikt zu geraten. Wirklich beängstigend war die Tatsache, dass die verbotenen Früchte sie hätten töten können. Ein scheinbar leckerer Snack hätte ihre Nieren zerstören und ihr junges Leben beenden können. Doch Maggie hatte einfach keine Ahnung, in welche Gefahr sie sich begeben hatte.

Als ich die leicht grüne, schwankende Maggie nach dem letzten Erbrechen ansah, sagte ich zum Tierarzt: „Vielleicht wird ihr das für die Zukunft eine Lehre sein."

„Nein", erwiderte er lächelnd. „Sie lebt nur im Hier und Jetzt."

Ich weiß. Das weiß ich schon. Nur dieses Mal hörte ich es von einem anderen Tierarzt und mit einer weniger positiven Bedeutung.

Verbotene Früchte sind attraktiv – für Hunde wie für Menschen. Sie sind süß. Verlockend. Aber wenn wir nicht die dahinter liegende Gefahr erkennen, können sie giftig für uns sein. Maggies Streifzug in die Welt der verbotenen Früchte endete mit einer erschreckenden, denkwürdigen Geschichte. Bei vielen Menschen kann die verbotene Frucht dazu führen, eine Ehe, eine Familie, den Körper und die eigene Seele zu zerstören.

Auf dem Weg nach Hause dachte ich über die Worte des Tierarztes nach. Ich hoffe, Maggie ist vernünftig genug, nicht sofort zu den Trauben zurückzukehren, die sie gerade noch erbrochen hat. Und dann wurde mir eine sehr unbequeme Wahrheit bewusst. Wir Menschen mit unserem viel komplexeren Gehirn tun oft genau das.

Wir fühlen uns von einer Pornoseite im Internet abgestoßen, rufen sie aber einige Stunden später wieder auf. Wir wachen mit einem furchtbaren Kater auf, nachdem wir die Nacht durchgefeiert haben, um vierundzwanzig Stunden später dasselbe noch mal zu machen. Wir haben Schuldgefühle wegen einer unangemessenen Beziehung, während wir schon das nächste Rendezvous planen. Wir bedauern es, über einen Kollegen gelästert zu haben, aber bei nächster Gelegenheit können wir nicht umhin, den Kollegen ein weiteres Schmankerl zu präsentieren. Wir schwören uns, freundlich zu sein, bis Stress und Erschöpfung uns überwältigen und wir unsere Beherrschung verlieren.

Wir tun immer wieder Dinge, von denen wir uns geschworen haben, sie nie wieder zu tun. Und ich gebe zu, dass ich selbst Jahrzehnte mit einer frustrierenden geistlichen Version der Shampoo-Gebrauchsanweisung verbracht habe: *Einseifen. Ausspülen. Wiederholen.* Oder anders gesagt: *Sündigen. Bereuen. Wiederholen.*

Folgende Aussage wird dem Physiker Albert Einstein zugeschrieben: „Wahnsinn bedeutet, immer wieder dasselbe zu tun und mit unterschiedlichen Ergebnissen zu rechnen." Ich bin nicht bereit einzuräumen, dass ich „wahnsinnig" bin, aber tatsächlich habe ich mein geistliches Leben jahrelang auf dieselbe Art und Weise gelebt, während ich irgendwie mit anderen Ergebnissen gerechnet habe.

Ich beging einen Fehler (die politisch korrekte Version von „Sünde") und überzeugte mich selbst davon, nie wieder dasselbe zu tun. Anschließend war ich dankbar, dass die Folgen nicht allzu schlimm waren. Und dann war ich entschlossen, mich ganz, ganz weit zu dieser Sünde auf Abstand zu halten. Doch bevor mir das bewusst wurde, hatte ich diesen Entschluss auch schon wieder vergessen und wiederholte dieselbe Sünde. Der Apostel Paulus schreibt über ein solches Verhalten:

> *„Ich will eigentlich Gutes tun und tue doch das Schlechte; ich verabscheue das Böse, aber ich tue es dennoch. Wenn ich also immer wieder gegen meine Absicht handle, dann ist klar: Nicht ich selbst bin es, der über mich bestimmt, sondern die in mir wohnende Sünde" (Römer 7,19–20).*

Und einige Sätze später ruft Paulus aus:

> *„Ich unglückseliger Mensch! Wer wird mich jemals aus dieser tödlichen Gefangenschaft befreien?" (Römer 7,24).*

Das ist die Frage. Und Paulus gibt eine Antwort darauf.

> *„Gott sei Dank! Durch unseren Herrn Jesus Christus bin ich bereits befreit. So befinde ich mich in einem Zwiespalt: Mit meinem Denken und Sehnen folge ich zwar dem Gesetz Gottes, mit meinen Taten aber dem Gesetz der Sünde" (Römer 7,25).*

Was können wir also tun, um aus dieser Sündenspirale herauszukommen?

Nichts.

Moment mal! Verzweifeln Sie nicht! Denn das sind gute Neuigkeiten. Sie und ich, wir können es nicht schaffen. Ich bin unfähig, aus eigener Kraft diese spirituelle Tretmühle zu verlassen. Nur Jesus kann mich dazu befähigen, der endlosen Schleife der Frustration zu entfliehen. Paulus erklärt weiter:

> *„Nun aber seid ihr nicht länger eurem selbstsüchtigen Wesen ausgeliefert, denn Gottes Geist bestimmt euer Leben – schließlich wohnt er ja in euch!" (Römer 8,9).*

Lassen Sie die Wahrheit dieses Verses auf Sie wirken. Das ist der Schlüssel: Wir sündigen weniger, wenn wir weniger über die Sünde nachdenken und uns mehr auf Jesus konzentrieren. Konzentriert man sich nämlich auf die Sünde, sündigt man mehr. Konzentriert man sich allerdings auf Jesus, wird die Kraft der Sünde gebrochen.

Wollen Sie aus Ihrer geistlichen Existenz des Sündigens, Bereuens und Wiederholens herausfinden? Die meisten von uns, die das tun wollten, erkannten irgendwann, dass sie nicht aus eigener Kraft mit dem Problem der Sünde und der damit verbundenen Trennung von Gott fertigwerden konnten. Wir brauchen Jesus dafür. Wie können wir nur annehmen, wir könnten das sich immer wiederholende Sündenproblem allein lösen?

Stellen Sie sich einmal folgende Frage: Wenn Gott als himmlischer Vater mich an meinem schlimmsten Tag anschaut, wen sieht er da?

Jesus.

Das ist der erste Schritt: Ich muss die Sünde nicht beseitigen, um Gott zu gefallen. Er liebt mich bereits wegen Jesus.

Der zweite Schritt: Ich muss mir täglich klarmachen, dass der Geist Gottes in mir wohnt und mein Leben bestimmt.

Ich muss lernen, dass ich derjenige bin, der die Kraft des Geistes begrenzt, indem ich ihm den Zugang und die Kontrolle über meine Gedanken und Taten verweigere. Ich muss lernen, dass ich nicht mit dem Frust wiederholter eigener Bemühungen leben muss. Stattdessen kann ich Gott vertrauen. Ich darf darauf vertrauen, dass Jesus meine Sünden gesühnt hat und dass der Geist Gottes das Problem der Sünde für mich löst. Wenn ich Gott vertraue und glaube, dass sein Wort wahr ist, dann kann ich aus dem zum Wahnsinn treibenden Muster *Sündigen. Bereuen. Wiederholen.* ausbrechen. Stattdessen habe ich ein neues Leben voller Möglichkeiten, Gott für seine erstaunliche Gnade zu danken.

Maggie erkannte die potenzielle Toxizität der Weintrauben nicht. Sie war in ihrer Unwissenheit selig. Vielleicht ahme ich diese Taktik nach, doch ich darf sie nicht als Entschuldigung benutzen. Gottes Wort und die sanfte Überzeugungsarbeit des Heiligen Geistes warnen mich stets, dass eine verbotene Frucht mir schaden wird.

Maggie traf ihre Wahl und wurde krank.

Die Entscheidungen, die ich treffe, können weitaus schlimmere und sogar ewige Konsequenzen haben. Geistlich verbotene Früchte können „tödliche Toxine" für meine Beziehung zu Gott, meiner Familie und meinen Freunden beinhalten. Gott gibt uns große Freiheit, innerhalb der Struktur der Familie, der Ehe, der Gemeinschaft, der Arbeit und Gemeinde Freude zu finden. Doch wir denken immer noch, es gäbe da etwas, das Gott uns vorenthält und das uns glücklicher machen würde. Diese Idee erwies sich für Adam und Eva im Garten Eden als falsch und das ist sie auch heute noch. *Gott hat uns alles gegeben, was wir brauchen, um zufrieden und glücklich zu sein.*

Gott hat uns alles gegeben, was wir brauchen, um zufrieden und glücklich zu sein.

Der Psalmist David schrieb, weder mehr Erfolg noch mehr Besitz würden zu wahrer Freude führen.

> *„Viele jammern: Wann wird es uns endlich besser gehen? Herr, blicke uns freundlich an, damit wir wieder aufatmen können! Und wirklich: Du hast mich wieder froh gemacht. Während sich andere über eine reiche Ernte freuen, ist meine Freude sogar noch viel größer. Ich kann ruhig schlafen, auch wenn kein Mensch zu mir hält, denn du, Herr, beschützt mich" (Psalm 4,7–8).*

Ein teurer Besuch in der Hundeklinik half Maggie, sich von ihrem unklugen Futterabenteuer zu erholen. Und ich will mir diese Lebenslektion merken, dass eine verbotene Frucht niemals ihr Versprechen hält, und jeden Tag mit der großen Freude beginnen, die von Gott kommt, und dafür dankbar sein. Möge ich dieses Geschenk nie als selbstverständlich hinnehmen.

22

Maggie, wo bist du?

„Hunde sind großartig. Ungezogene Hunde, wenn wir sie denn so nennen wollen, sind vielleicht die großartigsten von allen."

– John Grogan[1] –

„Normalerweise verheißt es nichts Gutes, wenn meine Frau mich anruft und sagt: ‚Rate mal, was dein *Hund heute gemacht hat?‘ Einmal beispielsweise rief sie mich an, um mir zu sagen, dass Maggie durch ein Fenster nach draußen gesprungen war, um einen Käfer zu jagen.*

Heute Morgen erhielt ich wieder einen Anruf von ihr, der mit der Frage begann, ob ich wissen wolle, was mein *Hund angestellt hatte. Allerdings klang Jonis Stimme recht fröhlich, sodass ich mit einer positiven Geschichte rechnete. Joni wollte gerade zur Kirche aufbrechen und suchte nach Maggie. Sie rief nach ihr. Nichts. Joni suchte mehrere Minuten lang, bis sie schließlich den Grund für Maggies Verschwinden entdeckte. Maggie hatte beschlossen, eine alte schlechte Gewohnheit wieder anzufangen, die sie seit Wochen überwunden hatte. Joni fand im Garten zwei frisch gebuddelte Löcher. Sie begutachtete den Schaden und sah sich weiter nach Maggie um. Dann entdeckte Joni sie. Sie hatte sich hinter einem Baum versteckt und spähte alle paar Sekunden dahinter hervor, um zu sehen, ob die Luft rein war. Joni begann zu lachen und lief ins Haus, um ihren Fotoapparat zu holen. Für einen langbeinigen, rund dreißig Kilo schweren Labrador ist es nicht leicht, sich hinter einem dünnen Baumstamm zu verstecken. Doch Maggie dachte wohl, wenn sie sich dort eine Weile ruhig verhielte, wäre alles in Ordnung.“*

Am Telefon konnte ich mir das Bild der hinter dem Baum versteckten Maggie nur in etwa vorstellen. Ich war daher froh, dass Joni ein Foto davon gemacht hatte. Es war lächerlich von Maggie, sich zu verstecken, nachdem sie auf frischer Tat ertappt wurde. Sich zu verstecken, um ihr schlechtes Benehmen verschleiern zu wollen, war wirklich dumm. Doch ich erkannte darin wieder eine Lektion für mich.

Was ist nämlich mein erster Impuls, wenn ich sündige? – Mich zu verstecken. Insbesondere versuche ich, meinen Fehler vor Joni zu verbergen, sollte sie davon betroffen sein. Auch versuche ich mein enttäuschendes Verhalten vor meinen Freunden zu verbergen. Und ich denke wohl auch, ich könnte mein Fehlverhalten vor Gott verbergen. Erstaunlich, nicht wahr?

Wahrscheinlich sehe ich bei meinen Versteckversuchen für Jesus genauso lächerlich aus wie Maggie, deren Pfoten und deren lange Schnauze hinter dem zu kleinen Baum im Garten hervorlugten. Doch wenigstens ist meine Reaktion nicht die einzige in dieser Art. Die ganze Menschheit versucht seit dem Garten Eden, sich vor Gott zu verstecken.

„Die Schlange war listiger als alle anderen Tiere, die Gott, der Herr, gemacht hatte. ‚Hat Gott wirklich gesagt, dass ihr von keinem Baum die Früchte essen dürft?', fragte sie die Frau. ‚Natürlich dürfen wir', antwortete die Frau, ‚nur von dem Baum in der Mitte des Gartens nicht. Gott hat gesagt: Esst nicht von seinen Früchten, ja berührt sie nicht einmal, sonst müsst ihr sterben!' – ‚Unsinn! Ihr werdet nicht sterben', widersprach die Schlange, ‚aber Gott weiß: Wenn ihr davon esst, werden eure Augen geöffnet – ihr werdet sein wie Gott und wissen, was Gut und Böse ist.'

Die Frau schaute den Baum an. Er sah schön aus! Es wäre bestimmt gut, von ihm zu essen, dachte sie. Seine Früchte wirkten verlockend, und klug würde sie davon werden! Sie pflückte eine Frucht und biss hinein. Dann reichte sie die Frucht ihrem Mann, der bei ihr stand, und auch er aß davon. Plötzlich gingen beiden die Augen auf, und ihnen wurde bewusst, dass sie nackt waren. Hastig flochten sie Feigenblätter zusammen und machten sich daraus einen Lendenschurz.
Am Abend, als ein frischer Wind aufkam, hörten sie, wie Gott, der Herr, im Garten umherging. Ängstlich versteckten sie sich vor ihm hinter den Bäumen. Aber Gott, der Herr, rief: ‚Adam, wo bist du?' Adam antwortete: ‚Ich hörte dich im Garten und hatte Angst, weil ich nackt bin. Darum habe ich mich versteckt.'
‚Wer hat dir gesagt, dass du nackt bist?', fragte Gott. ‚Hast du etwa von den Früchten gegessen, die ich euch verboten habe?'
Adam versuchte, sich zu rechtfertigen: ‚Die Frau, die du mir gegeben hast, ist schuld daran! Sie reichte mir eine Frucht von dem Baum – deswegen habe ich davon gegessen.' – ‚Was hast du bloß getan?', wandte der Herr sich an die Frau. ‚Die Schlange hat mich dazu verführt! Nur wegen ihr habe ich die Frucht genommen', verteidigte sie sich" (1. Mose 3,1–13).

Pastor Tim Keller schreibt dazu: „Die erste Lüge der Schlange im Garten Eden bestand darin, die Menschen glauben zu lassen, dass Gott nicht das Beste für sie im Sinn hatte."[2] Und diesen Kampf fechten Christen bis heute aus. Wenn wir nämlich den Eindruck haben, die Kontrolle zu verlieren oder wenn die Dinge schlecht laufen, dann fragen wir uns, ob Gott wirklich das Beste für uns will. Und dann wächst aus dieser alten Lüge der Schlange eine spektakuläre, bunte Mischung von Sünden.

Schauen Sie sich das Verhalten von Adam und Eva an jenem schicksalhaften Tag einmal genau an. Es ist ein Verhalten, das wir seit Jahrtausenden fortführen. Nachdem die beiden der Lüge der Schlange Glauben geschenkt hatten, wurde ihnen ihre Sünde bewusst. Die Sünde offenbarte ihnen ihre Nacktheit und Verwundbarkeit. Ihre erste Reaktion bestand darin, die Wahrheit ihrer Tat zu verschleiern. Von der Schöpfung an bis zu den aktuellen Schlagzeilen unserer Zeit hin wissen wir, dass Verschleierung nicht funktioniert und die Sünde in der Regel noch viel schlimmer macht. Trotzdem versuchen wir es.

Der zweite Teil des Plans war der, sich zu verstecken. Das Problem mit dem Verstecken ist aber, dass man immer wieder über die Schulter sieht (oder um den Baumstamm herumspäht). Als Adam von Gott zur Rede gestellt wurde, verleugnete er seinen Fehltritt nicht, aber er schob den Fehler auf die Frau, die Gott ihm an die Seite gestellt hatte. Adam vergaß dann zu erwähnen, dass er ja die ganze Szene mit der Schlange beobachtet hatte und nicht den Mut aufgebracht hatte, einzugreifen. Eva gab daraufhin zu, dass sie gesündigt hatte, schob jedoch die Schuld dafür auf die Schlange.

In einem Moment tragischer Sünde lernte die Menschheit, wie man begehrt, Tatsachen verdreht, argumentiert, versteckt, verschleiert, andere anklagt und lügt – neben vielen anderen Dingen. Es war ein ganz, ganz schlechter Tag.

Leider habe ich in meinem Leben die meisten, wenn nicht alle Sünden getan, die damals im Garten Eden begangen wurden. Ich habe andere für meine Fehler verantwortlich gemacht. Ich habe versucht, meine Sünden zu vertuschen, um die Konsequenzen abzuwenden. Die schlimmste Tendenz aber, gegen die ich kämpfe, ist die, die Maggie ausprobiert hat: Ich versuche mich zu verstecken.

Warum? Ich glaube, ich muss auf Tim Kellers Aussage zurückgreifen: Ich glaube nicht immer, dass Gott mein Bestes im Sinn hat.

Leider kommt man leicht zu dieser Schlussfolgerung, wenn man als Kind gelernt hat, dass Gott ein strenger Gott ist, der Sünder und sogar Kirchgänger, die sich schlecht benehmen, in die Hölle schickt.

Maggie lugte hinter dem Baum hervor, obwohl Joni sie nicht getadelt hatte oder böse auf sie war. Maggie dachte einfach, sie habe etwas Falsches getan und hatte beschlossen, sich lieber zu verstecken. Ich verhalte mich genauso. Ich verstecke mich, selbst wenn Gott (und andere) mir Gnade und Vergebung anbieten. Ich ziehe wieder die Maske über, weil ich noch immer befürchte, dass man mich nicht liebt, wenn man sieht, wer ich wirklich bin.

Die satirische Online-Publikation *„The Onion"* hat neulich eine humorige, aber sehr nahe an der Wahrheit befindliche Story mit der Schlagzeile gebracht: „Heute ist der Tag, an dem Ihr Betrug aufgedeckt wird." Die in der Story fingierte „Recherche" offenbarte, was ich stets befürchtet hatte:

„Während die Experten sich einig sind, dass Sie bisher erfolgreich vorgeben konnten, ein fähiges, lohnenswertes Individuum zu sein, weist ein neuer Bericht dieser Woche darauf hin, heute sei der Tag, an dem man endlich herausfinden wird, dass Sie auf der ganzen Linie ein Betrüger sind.

Der Bericht, erstellt vom *Pew Research Center*, besagt, dass die Leute innerhalb der nächsten 24 Stunden herausfinden werden, dass Sie keine Ahnung haben, was Sie da eigentlich machen, dass Sie jahrelang alles vorgetäuscht haben und dass Sie es geschafft haben, durch fortlaufendes Lügen und schamloses Gehabe jedermann in ihrem Umfeld an der Nase herumzuführen und denken zu lassen, Sie seien etwas anderes als eine schwache, untaugliche Person."[3]

Trifft das nicht ziemlich genau, wie viele von uns sich fühlen? Insbesondere diejenigen, die auf ihrem Weg mit Gott aufrichtig sind? Ich weiß nur zu gut, wie sehr mein Leben hinter meinem Wunsch zurückbleibt, Christus ähnlich zu sein. Also verstecke ich mich vor Gott und anderen. Doch da gibt es eine entscheidende Schwachstelle: Ich kann mich vor meinen Mitmenschen verstecken, eine Zeit lang oder sogar für immer. Doch vor Gott kann ich mich noch nicht einmal für den Bruchteil einer Sekunde verstecken. Warum versuche ich es dennoch?

Adams erste Antwort gibt uns einen Hinweis: *„Ich hatte Angst, weil ich nackt bin. Darum habe ich mich versteckt."* Für einen stolzen, unsicheren Zeitgenossen wie mich ist das der Schlüssel. Mein Versagen macht mich nackt und verwundbar. Und das macht mir Angst. Also versuche ich, einen dreißig Pfund schweren Labrador wegzuschieben, um einen Platz hinter einem Baum zu finden. Ich habe Angst, dumm dazustehen. Ich habe Angst vor dem Konflikt. Ich habe Angst davor, die anderen und Gott zu enttäuschen.

Das Wort „Angst" taucht im Neuen Testament ungefähr sechzig Mal auf, und einige dieser Texte geben mir Aufschluss darüber, warum ich instinktiv Angst habe und mich verstecken will.

Im ersten Kapitel des Markusevangeliums lesen wir, wie die Jünger die Wunderheilungen von Jesus und seine Macht, Dämonen auszutreiben, mit eigenen Augen sahen. Man könnte meinen, sie hatten daher großes Vertrauen in ihn. Später aber geschieht Folgendes:

> *„Am Abend dieses Tages sagte Jesus zu seinen Jüngern: ‚Lasst uns über den See ans andere Ufer fahren!' Sie schickten die Menschen nach Hause und fuhren mit dem Boot, in dem Jesus saß, auf den See hinaus. Einige andere Boote folgten ihnen. Da brach ein gewaltiger Sturm los. Hohe Wellen schlugen ins Boot, es lief*

voll Wasser und drohte zu sinken. Jesus aber schlief hinten im Boot auf einem Kissen. Da weckten ihn die Jünger und riefen: ‚Meister, wir gehen unter! Kümmert dich das denn gar nicht?' Jesus stand auf, gebot dem Wind Einhalt und befahl dem See: ‚Sei still! Schweig!' Sofort legte sich der Sturm, und es wurde ganz still. ‚Warum habt ihr Angst?', fragte Jesus seine Jünger. ‚Habt ihr denn noch immer kein Vertrauen zu mir?'" (Markus 4,35–40).

Warum habe ich Angst? Ich fürchte, eine Antwort darauf lautet, dass ich nicht genug Glauben habe. Der zweite Grund wird von Johannes, dem Jünger, „den Jesus liebte", in seinem ersten Brief erklärt:

„Darin hat Gottes Liebe ihr Ziel erreicht, sodass wir dem Tag des Gerichts voller Zuversicht entgegengehen können. Denn wir sind in dieser Welt schon ebenso mit dem Vater verbunden, wie Christus es ist. Wirkliche Liebe ist frei von Angst. Ja, wenn Gottes vollkommene Liebe uns erfüllt, vertreibt sie sogar die Angst. Wer sich also fürchtet und vor der Strafe zittert, bei dem ist Gottes Liebe noch nicht zum Ziel gekommen. Wir lieben, weil Gott uns zuerst geliebt hat (1. Johannes 4,17–19).

Ich habe Angst, weil ich nicht voll und ganz Gottes vollkommener Liebe zu mir vertraue. Gott ist für mich, nicht gegen mich. Er hat mir vergeben. Gott liebte mich zuerst mit einer radikalen, unverdienten Liebe. Ich brauche keine Feigenblätter zu nehmen, um meine Scham und Sünde zu verbergen. Ich sehe viel besser in den Kleidern der Gerechtigkeit aus als mit Feigenblättern! Glauben Sie mir!

Dass Maggie Joni und mir mehr und mehr vertraut, ist offensichtlich. Sie begreift langsam, dass wir sie nicht bestrafen, wenn sie etwas Falsches getan hat – sie versteckt sich immer weniger. Was auch immer in ihrer Vergangenheit dafür gesorgt hat, dass sie Angst hat, beginnt zu heilen. Und interessanterweise können wir beobachten, dass in gleichem Maße, wie die Angst verschwindet, auch das schlechte Benehmen nachlässt. Also für mich klingt das nach einem Leben unter der Gnade.

Für Maggie und mich ist die Lektion dieselbe: Es ist für uns beide an der Zeit, aus unserem Versteck hervorzukommen. Wir haben Vergebung erfahren.

23

Leben lernen – ein Leben lang

„Hunde kommen in unser Leben,
um uns etwas über Liebe und Loyalität beizubringen.
Ihr Ableben hingegen lehrt uns etwas über Verlust.
Doch ein neuer Hund ersetzt niemals seinen Vorgänger;
er erweitert einfach unser Herz. Hatte man viele Hunde,
dann hat man ein sehr großes Herz."

– Erica Jong –

Als ich begann, über meine Hannah zu schreiben, nahm ich an, dass ich das tat, um mich auf ihren bevorstehenden Tod vorzubereiten. Doch im Laufe der Wochen wurde mir bewusst, wie viel ich von meiner treuen Begleiterin für mein eigenes Leben lernen konnte. Mehr als alles andere hat sie mir beigebracht: *Die Vorbereitung auf den Tod ist die Vorbereitung auf das Leben.* Das hat meine Sicht der Dinge radikal verändert. Denn daraus resultiert die Wahrheit: Wenn man keine Angst vor dem Tod hat, dann hat man auch keine Angst vor dem Leben.

Ich weiß, dass ich einige frühere Lektionen von Hannah verpasst habe, weil ich gar nicht daran dachte, sie als einen geistlichen „Ausbilder" zu betrachten. Doch was sie mir während der unerwartet geschenkten Zeit nach ihrer Krebsdiagnose beibrachte, kann vielen, nicht nur mir, als Entwurf dienen, ein erfülltes Leben voller Freude zu führen. Hannah lebte mir einen Verhaltenskodex vor, den nachzueifern sich lohnt, und ich glaube, dass Maggie diesem vorgegebenen Pfad folgen wird. Hier sind einige der Botschaften, die Hannah und Maggie mir vermittelt haben und die ich an Sie weitergeben möchte:

Leben Sie im Hier und Jetzt!

Der Hundetrainer Cesar Millan verlässt sich bei der Erziehung scheinbar „unerziehbarer" Hunde auf eine Konstante, um schnelle Ergebnisse zu erzielen: „Hunde leben im Hier und Jetzt. Sie spüren keine Reue über die Vergangenheit oder Angst vor der Zukunft."[1]

Zweifelsohne ein Thema, das uns alle betrifft. Es klingt plausibel und ist gleichermaßen so unglaublich wichtig. Denn beschäftigen wir uns voller Reue zu sehr mit Vergangenem, verpassen wir die Freude des Moments. Selbst der Psalmist ermutigt uns dazu, den Gedanken auf die Kraft des Augenblicks zu beherzigen:

> *„Dies ist der Tag, den der Herr gemacht hat! Seien wir fröhlich und freuen wir uns in ihm!" (Psalm 118,24, ELB).*

Lassen Sie mehr Taten als Worte sprechen!

Hunde reagieren mehr auf unsere Körpersprache und Ausstrahlung als auf Worte, so auch Maggie. Bin ich ruhig, ist auch sie ruhig. Bin ich ausgelassen vor Freude, ist auch sie es. Sie reagiert zwar auf meine ausgesprochenen Kommandos, doch vor allem mein Handeln und Verhalten rufen bei ihr instinktive Reaktionen hervor.

Kirchendistanzierte Menschen, die unseren christlichen Glauben skeptisch betrachten, achten vor allem auf das Verhalten von Christen und erst in zweiter Linie auf unsere Worte. Sie wollen Glauben *sehen* und *erleben*, um sich überzeugen zu lassen. Achten Sie also darauf, die Frucht des Geistes auszuleben; Gott wird dafür sorgen, dass Ihr Vorrat nie zur Neige geht. Verlassen Sie sich dabei immer auf seine Gnade.

„Dagegen bringt der Geist Gottes in unserem Leben nur Gutes hervor: Liebe, Freude und Frieden; Geduld, Freundlichkeit und Güte; Treue, Nachsicht und Selbstbeherrschung. Ist das bei euch so? Dann kann kein Gesetz mehr etwas von euch fordern!" (Galater 5,22–23).

Achten Sie darauf, dass Sie in Ihrer Kommunikation freundlich und von Gnade bestimmt bleiben. Gott hat mir in diesem Bereich eine Menge beigebracht. Ich bemühe mich, immer die beiden Elemente Wahrheit und Gnade zu berücksichtigen, wenn ich mit jemandem spreche. Ich liebe es, wie Johannes den Herrn Jesus als „voller Gnade und Wahrheit" beschreibt. Im Allgemeinen bin ich gern bereit, „ehrlich" zu sein und jemandem zu sagen, was nicht in Ordnung ist. Wenn ich das in Gnade und Wahrheit tun möchte, erfordert das von mir, den anderen zu lieben und selbst verwundbar zu sein. Es ist aber menschlich gesehen viel einfacher, jemandem einfach einen Klaps mit der zusammengerollten Zeitung der Verurteilung zu geben.

„Verhaltet euch weise und besonnen denen gegenüber, die keine Christen sind. Macht das Beste aus der Zeit, die euch geschenkt ist! Redet mit jedem Menschen freundlich; alles, was ihr sagt, soll gut und hilfreich sein. Bemüht euch darum, für jeden die richtigen Worte zu finden" (Kolosser 4,5–6).

Schüren Sie keinen Groll!

Der Hundetrainer Cesar Millan hat viel Zeit damit verbracht, das Verhalten von Hunden zu beobachten und zu entdecken, wie unsere Fellfreunde Probleme lösen. „Es ist bemerkenswert, dass in einem

Rudel keine ernsthaften Konflikte existieren. Das liegt daran, dass die Mitglieder beim Aufkommen einer Unstimmigkeit die Situation direkt klären und dann weiterziehen. Stellen Sie sich vor, wie unsere Welt aussähe, wenn wir unsere Konflikte auf diese Weise lösen würden, bevor sie außer Kontrolle geraten."[2]

Vermutlich ist das der größte Unterschied der Gemeinschaft zwischen einem Rudel Hunde und einer christlichen Gemeinde. Oft gibt es im Leib der Gläubigen eine beunruhigende Menge von Konflikten. Das liegt vor allem daran, dass die Mitglieder unseres „Rudels" viel zu oft problematische Situationen ungelöst lassen. Wir reagieren wütend und verletzt, machen aber weiter, ohne uns versöhnt zu haben. Ungeklärte Sünde wird quasi lebendig begraben und kommt später in ganz überraschenden Momenten wieder an die Oberfläche. Ein Nachfolger Jesu, der einem anderen nicht vergibt, hat vergessen, wieviel ihm selbst vergeben wurde.

Wir sollten von einem Rudel Hunde lernen, unsere Unstimmigkeiten abzuschütteln und direkt zu lösen. Ihr Verhalten erinnert uns auch daran, dass das Leben viel zu kurz und zu unvorhersehbar ist, um Groll zu schüren.

„Ertragt einander und vergebt euch gegenseitig, wenn jemand euch Unrecht getan hat. Denn auch Christus hat euch vergeben" (Kolosser 3,13).

Lernen Sie, zu verweilen und zu warten!

Maggie lernte, auf die Kommandos *„Sitz!"* und *„Bleib!"* zu reagieren, und das hat ihr geholfen, schlechtes Benehmen in Schach zu halten. Sie brachte mir bei, wie wichtig es ist, innezuhalten und meinen Blick auf Jesus zu richten, statt mich weiter auf das Fehlverhalten zu konzentrieren, das ich aufgeben will. Denn konzentriere ich mich nicht auf die Sünde, sondern auf Jesus, wird die Macht der Sünde gebrochen. Warum brauchte ich nur so lange dafür, dem Einen wirklich zu vertrauen, der für meine Sünden starb?

> *„Ihr habt Jesus Christus als euren Herrn angenommen; nun lebt auch in der Gemeinschaft mit ihm“ (Kolosser 2,6).*

Leben Sie zielgerichtet!

Hunderassen werden mitunter für einen bestimmten Zweck gezüchtet. Manche sind einfach familienfreundliche Retriever. Andere sind wahre Könner im Hüten oder Aufpassen. Jeder Hund ist anscheinend genetisch auf einen bestimmten Zweck hin programmiert. Bei Menschen, die sich für ein Leben mit Jesus entschieden haben, verhält es sich ähnlich. Wir sind durch das Leben mit Jesus zu etwas berufen. Leben Sie so, als seien Sie wichtig. Warum? Weil Sie wichtig sind. Sie haben eine Rolle in Gottes ewigem Plan.

> *„Ich bin ganz sicher, dass Gott sein gutes Werk, das er bei euch begonnen hat, zu Ende führen wird, bis zu dem Tag, an dem Jesus Christus kommt“ (Philipper 1,6).*

Lieben Sie bedingungslos!

Hannah lebte mir diese Lebenslektion jeden Tag vor und ich hatte die Gelegenheit, sie auf Maggie zu übertragen; und sie ist dabei, bedingungsloses Vertrauen und bedingungslose Liebe zu lernen. Dieser Grundsatz lässt sich auf jede Beziehung anwenden, doch ich möchte drei besonders herausstellen, die für mich eine Priorität haben, und stelle Sie vor die Herausforderung, dasselbe zu tun:

Lieben Sie Ihren Ehepartner!

Die meisten von uns haben bei ihrer Hochzeit folgendes (oder ein ähnliches) Gelöbnis gesprochen:

„Ich (*der Typ im Smoking*) nehme dich (*die wunderschöne Braut*) zu meiner Ehefrau und gelobe, zu dir zu halten, in guten und in schlechten Tagen, in Reichtum und Armut, in Krankheit und Gesundheit, und dich zu lieben und zu hegen, bis dass der Tod uns scheidet."

Wie oft denken Sie an diese Worte oder handeln entsprechend? Wenn Sie im Jetzt leben und lieben, dann werden sie dieses Versprechen ernst nehmen. Das Wort „hegen" ist für uns Männer nicht unbedingt ein geläufiges Wort. Ein Wörterbuch gibt uns Aufschluss, was damit gemeint ist: *behüten, fürsorglich behandeln, schützen, umsorgen.* Ich wünschte, ich hätte Joni im Laufe der Jahre mehr gehegt, aber ich arbeite daran, es besser zu machen. Wenn ich voll und ganz im gegenwärtigen Augenblick lebe, sollte dies an erster Stelle stehen.

Lieben Sie Ihre Kinder!

Wenn Sie im Hier und Jetzt leben und lieben, werden Sie Ihre Kinder so lieben, wie Gott und wofür Gott sie geschaffen hat, und nicht für das, was Sie von Ihnen erhofft haben, um selbst gut dazustehen. Bestätigen Sie ihnen Ihre Liebe für die Person, die sie sind und für die Gaben, die Gott ihnen gegeben hat. Jedes Kind ist in bestimmten Bereichen talentiert, aber eben nicht in allen. Zeigen Sie Ihrem Kind, wie einzigartig es ist. Sagen Sie ihm, dass Sie stolz auf es sind. Sagen Sie ihm, dass sie es lieben. Lassen Sie Ihre Kinder Kinder sein, die sich schmutzig machen und ab und zu Dinge kaputt machen. Sie sind nicht perfekt – Sie sind es auch nicht!

Lieben Sie Ihre Freunde!

Wenn Sie im Hier und Jetzt leben und lieben, werden Sie die belanglosen Dinge, über die Sie sich ärgern und die Sie daran gehindert haben, mit Ihrem Freund/Ihrer Freundin zu sprechen, vergessen. Lassen Sie Ihre Freunde wissen, wie viel sie Ihnen bedeuten und wie sehr Sie sie lieben. Auch wenn sie hinter Ihren Erwartungen zurückbleiben, hören Sie nicht auf, sie weiterhin zu lieben.

Genießen Sie Ihr Leben!

Gibt es dafür ein besseres Vorbild als einen Hund? Wenn wir doch nur wie ein Hund leben könnten, der ohne Leine die Freiheit und voller Energie das Leben genießt. Freuen Sie sich über Ihren Tag! Genießen Sie ihn! Natürlich ist das Leben manchmal hart und scheinbar ungerecht. Für manche ist es sogar richtig schwer. Doch wir können darüber entscheiden, wie wir mit dem umgehen wollen, was uns widerfährt. Und wenn wir ganz im Hier und Jetzt leben, dann dürfen wir in dem schwelgen, was wir haben.

Wie aufs Stichwort kam Maggie gerade in den Raum, sah ihr Spielzeug, hüpfte hoch und schnappte danach. Jetzt hat sie einen Mordsspaß damit, ihr Spielzeug herumzuschleudern.

Ich weiß, dass das Leben schwer sein kann, doch ich bin überzeugt, wir gehen jeden Tag an vielen Möglichkeiten, uns spontan zu freuen, vorbei, weil wir uns über Dinge Sorgen machen, die vielleicht nie eintreten werden.

„Freut euch zu jeder Zeit, dass ihr zum Herrn gehört. Und noch einmal will ich es sagen: Freut euch! Alle Menschen sollen eure Güte und Freundlichkeit erfahren. Der Herr kommt bald! Macht euch keine Sorgen! Ihr dürft in jeder Lage zu Gott beten. Sagt ihm, was euch fehlt, und dankt ihm! Dann wird Gottes Friede, der all unser Verstehen übersteigt, eure Herzen und Gedanken bewahren, weil ihr mit Jesus Christus verbunden seid“ (Philipper 4,4–7).

Lachen Sie öfter!

Hunde kommunizieren mit ihren Augen und über ihre Körpersprache. Ich habe gelesen, dass ein Hund mit seinem Schwanz in wenigen Minuten mehr mitteilen kann, als sein Herrchen mit seiner Zunge in mehreren Stunden. Jeder, der mich kennt, weiß, dass ich wirklich gern lache. Ich habe mir die Philosophie zu eigen gemacht, dass ich auch direkt lachen kann, sollte ein peinlicher Moment mich noch ein Jahr später zum Kichern bringen. Lachen Sie mit Ihrem Ehepartner, Ihren Kindern und Freunden. Lachen Sie oft und ausgiebig.

„Ein fröhliches Herz macht den Körper gesund; aber ein trauriges Gemüt macht kraftlos und krank“ (Sprüche 17,22).

Dienen Sie gern!

Maggie liebt es, eine Aufgabe zu haben. Sie ist am glücklichsten, wenn sie durch den Garten patrouilliert und Eichhörnchen, Vögel und Insekten von ihrem Königreich fernhält. Ich glaube, sie ist davon überzeugt, dass sie für ihr Rudel einen wichtigen Beitrag leistet, indem sie den Garten vor Eindringlingen schützt. Die glücklichsten Menschen, die ich kenne, sind diejenigen, die anderen dienen. Investieren wir in jemanden Zeit, um ihm zu dienen, steht das aber im eklatanten Gegensatz zu den egozentrischen Botschaften, mit denen wir Tag für Tag bombardiert werden. Einige Verse aus Philipper 2, Kolosser 3 und Römer 12 ermutigen da und zeigen, wie man anfangen kann:

„Bei allem, was ihr tut, hütet euch vor Nörgeleien und Rechthaberei. Denn euer Leben soll hell und makellos sein. Dann werdet ihr als Gottes vorbildliche Kinder mitten in dieser verdorbenen und dunklen Welt leuchten wie Sterne in der Nacht“ (Philipper 2,14–15).

„Wichtiger als alles andere ist die Liebe. Wenn ihr sie habt, wird euch nichts fehlen. Sie ist das Band, das euch verbindet. Und der Friede, den Christus schenkt, soll euer ganzes Leben bestimmen. Gott hat euch dazu berufen, in Frieden miteinander zu leben; ihr gehört ja alle zu dem einen Leib von Christus. Dankt Gott dafür!“ (Kolosser 3,14–15).

„Eure Liebe soll aufrichtig sein. Und wie ihr das Böse hassen müsst, sollt ihr das Gute lieben. Seid in herzlicher Liebe miteinander verbunden, gegenseitige Achtung soll euer Zusammenleben bestimmen. Bewältigt eure Aufgaben mit Fleiß und werdet nicht nachlässig. Lasst euch ganz von Gottes Geist durchdringen und dient Gott, dem Herrn. Seid fröhlich in der Hoffnung darauf, dass Gott seine Zusagen erfüllt. Bleibt standhaft, wenn ihr verfolgt werdet. Und lasst euch durch nichts vom Gebet abbringen. Helft anderen Christen, die in Not geraten sind, und seid gastfreundlich!" (Römer 12,9–13).

Lieben Sie die Gnade!

Für mich gab es kein besseres irdisches Beispiel für Gnade als meine Hannah, sofern man Gnade als unverdiente Gunst definiert. Doch diese Gnade war nur ein winziger Bruchteil der Gnade, die Gott über mich ausgegossen hat, als ich ihm nichts anderes als meine Sünde und Gebrochenheit anzubieten hatte. Bereitwillig schenkte er mir sein Bestes, als ich ihm mein Schlimmstes gab. Nichts hat mein Leben mehr verändert als das beginnende Begreifen der radikalen, atemberaubenden Gnade Gottes.

Nur aufgrund der Gnade muss ich mich nicht länger *bemühen*, gerecht zu sein, sondern ich *bin* bereits gerechtfertigt, während ich mich auf den Einen konzentriere, der mir das Geschenk der Gnade machte. Die Gnade macht es mir möglich, mich der Sünde zu stellen, statt zu versuchen, sie selbst in den Griff zu kriegen oder mit Vernunft zu bewältigen. Gnade ist real und kraftvoll. Sie ist nicht schwach oder billig. Wenn Sie meinen, die Gnade sei billig, dann gehen Sie zum Kreuz, knien Sie dort nieder und schauen Sie hinauf, um zu erkennen, um welchen Preis die Gnade allen Menschen auf dieser Erde angeboten werden kann. Gnade sollte nie ein Vorwand für Sünde sein. Sie ist vielmehr meine einzige Hoffnung, wenn es um Sünde geht. Gnade bewirkt, dass ich zittere, wenn ich an den allmächtigen, großen Gott denke, der eine nicht liebenswerte Kreatur wie mich liebt. Warum bietet er ein solches Geschenk einem unwürdigen Kind an? Und wie könnte ich mich je damit wohlfühlen, diese überwältigende Gnade zu missbrauchen? Das ist unmöglich. Ich bete darum, dass ich das niemals tun werde. Gnade ist unwiderstehlich, und ich möchte, dass sie in meinem Leben ebenfalls unwiderstehlich ist.

„Denn aus Gnade seid ihr gerettet durch Glauben, und das nicht aus euch, Gottes Gabe ist es“ (Epheser 2,8, ELB).

Lieben Sie das Heute!

Hannah wachte jeden Morgen mit der Überzeugung auf, heute sei der allerbeste Tag. Maggie tut dasselbe. Ich glaube, die Strategie des Widersachers ist vernichtend einfach und wirkungsvoll. Er will, dass wir voll Bedauern über die Vergangenheit und voller Furcht vor der Zukunft leben, damit wir die Freude des heutigen Tages verpassen. Finden Sie jeden Tag etwas, das Sie lieben können, selbst an Ihrem schlimmsten Tag. Glauben Sie mir, Sie werden etwas finden.

„Der Herr ist meine Stärke und mein Schild; auf ihn hat mein Herz vertraut, und mir ist geholfen worden; daher jubelt mein Herz, und ich will ihn preisen mit meinem Lied“ (Psalm 28,7, ELB).

Hören Sie nicht auf zu lernen!

Kennen Sie den Spruch: „Alten Hunden bringt man keine Tricks mehr bei?“ Das stimmt nicht. Acht Jahre lang glaubten wir, Hannah wolle nichts anderes, als mit Tennisbällen spielen. Es kam uns nie in den Sinn, etwas anderes auszuprobieren, bis wir einmal verreisten und sie einem Freund anvertrauten, der Hunde mag und Plüschtiere hat. Als wir heimkehrten, stellten wir fest, dass Hannah Plüschtiere liebte. Danach hatten wir immer einen Vorrat verschiedenster Plüschtiere für sie zu Hause. Als ich noch nicht lange Christ war, habe ich einige schlechte Lehren zu hören bekommen, doch ich habe nie aufgehört, zu lernen und nach der Wahrheit graben und forschen zu wollen, was es bedeutet, Jesus nachzufolgen. So wie Hannah mit ihren neu entdeckten Plüschtieren spielte, will ich Gottes Gnade, Identität und Freiheit für den Rest meines Lebens genießen.

> *„Ein kluger Mensch will gerne dazulernen, darum hält er stets die Ohren offen“ (Sprüche 18,15).*

Lieben Sie Jesus!

Hannah kam stets zu mir gerannt, wenn sie ängstlich, verwirrt, traurig oder einsam war. Sie wollte dann einfach nur an meiner Seite sein. Gegenüber Gott, meinem Herrn, darf ich mich genauso verhalten.

Neulich sprach ich mit einem Freund, dessen Sohn von einer Jugendmissionsreise nach Costa Rica zurückgekehrt war. Er hatte seinen Sohn gefragt, wie er die Reise erlebt habe, und er gab die vielsagende Antwort: „Papa, die Leute dort sind nicht wie die Christen in den USA. Sie lieben Jesus wirklich.“

Ich weiß, dass viele Christen in diesem Land Jesus wirklich lieben. Doch was dieser Teenager in Costa Rica sah, war eine ungenierte, authentische und völlige Hingabe an Christus. Jesus wirklich zu lieben bedeutet mehr, als damit zufrieden zu sein, einen Erlöser zu haben. Jesus möchte der Herr unseres Lebens sein. Er will, dass sich unsere Beziehung zu ihm ständig vertieft.

Glauben Sie, glauben Sie wirklich daran, wer Sie in Christus sind? Eine Person, der vergeben wurde. Eine geheiligte Person, die keine Verurteilung mehr zu befürchten hat und die von Gott geliebt ist. Vertrauen Sie ruhig Jesus, weil er einfach vertrauenswürdig ist! Ich glaube, das ist der beste Rat, um völlig im Hier und Jetzt zu leben.

Ich habe keine Ahnung, wie viel Zeit mir noch in dieser Aufwärmphase für die Ewigkeit bleibt. Vielleicht zwanzig Minuten, zwanzig Monate oder zwanzig Jahre. Doch wenn ich folgenden Abschnitt aus dem Kolosserbrief beherzige, dann werde ich die Zeit, die Gott mir noch gibt, gut leben:

> *„Wichtig ist einzig und allein Christus, der in allen lebt. Ihr seid von Gott auserwählt und seine geliebten Kinder, die zu ihm gehören. Darum soll jetzt herzliches Mitgefühl euer Leben bestimmen, ebenso wie Güte, Bescheidenheit, Nachsicht und Geduld. Ertragt einander und vergebt euch gegenseitig, wenn jemand euch Unrecht getan hat. Denn auch Christus hat euch vergeben. Wichtiger als alles andere ist die Liebe. Wenn ihr sie habt, wird euch nichts fehlen. Sie ist das Band, das euch verbindet. Und der Friede, den Christus schenkt, soll euer ganzes Leben bestimmen. Gott hat euch dazu berufen, in Frieden miteinander zu leben; ihr gehört ja alle zu dem einen Leib von Christus. Dankt Gott dafür!*

Lasst die Botschaft von Christus ihren ganzen Reichtum bei euch entfalten. Unterweist und ermahnt euch gegenseitig mit aller Weisheit und dankt Gott von ganzem Herzen mit Psalmen, Lobgesängen und Liedern, die euch Gottes Geist schenkt. Ihr habt doch Gottes Gnade erfahren! All euer Tun – euer Reden wie euer Handeln – soll zeigen, dass Jesus euer Herr ist. Weil ihr mit ihm verbunden seid, könnt ihr Gott, dem Vater, für alles danken" (Kolosser 3,11–17).

Ich wünsche Ihnen, dass Sie stets einen Freund an Ihrer Seite haben. Egal, ob dieser Freund vier Beine hat oder zwei, ich bete darum, dass Sie diese Reise im Hier und Jetzt mit jemandem an ihrer Seite genießen können. Und ich bete darum, dass Sie sich immer daran erinnern, egal, in welchen Umständen Sie sich befinden, dass Sie immer einen Freund haben. Wenn Sie auf Jesus vertrauen, begleitet er Sie Schritt für Schritt. Sie dürfen sich auf seine Verheißung verlassen.

Vergessen Sie nicht, dass Sie an jedem einzelnen Tag Freude finden können. Maggie zeigt mir das gerade. Während ich schreibe, jagt sie mit purer Freude Käfer, die am Rande des Pools krabbeln.

Wenn ich mir persönlich einen Moment Zeit nehme, um die Segnungen zu zählen, die ich heute erfahren habe, dann kann ich mich auch über viele kleine Dinge freuen. Selbst in den ganz alltäglichen Dingen liegt Freude verborgen. Bitten Sie den Geist Gottes, Ihnen das täglich zu zeigen. Was mich betrifft, werde ich mich jetzt mit meinem treuen, geistlichen Ausbilder auf einen wundervollen Spaziergang begeben. Ich habe noch viel zu lernen.

Nachwort

Maggie, meine neue Gefährtin und Lebenstrainerin, hat weitere Fortschritte gemacht. Sie kennt nun ihren Namen und weiß, dass sie nichts zu befürchten hat, wenn ich sie bei ihrem Namen rufe.

Sie hat aufgehört, auf allen möglichen Dingen herumzukauen, auf der Küchentheke nach Fressbarem zu schnappen und Löcher in den Garten zu buddeln. Sie zeigt mehr Zuneigung und Vertrauen. Wie Sie auf diesem Foto sehen können, ist sie eine sehr aufgeweckte, goldige junge Lady.

Es ist toll zu sehen, wie Geduld, Liebe und klare Grenzen dazu beigetragen haben, dass sie sich gut bei uns eingelebt hat. Sie findet gerade heraus, wie sich ein Sprung in den kühlen Pool an einem heißen texanischen Sommertag anfühlt.

Und Maggie hat ihr einzigartiges Talent (das akrobatische Jagen von Käfern) zu unserer Familien-Hundeshow hinzugefügt. Sollte es eines Tages bei Hundewettbewerben das Jagen von Käfern als neue Disziplin geben, dann wird unsere Maggie garantiert der Favorit sein.

Ich muss zugeben: Als Hannah starb, nahm sie ein Stück meines Herzens mit. Doch in einem Herzen gibt es noch jede Menge Platz für meine neue Hündin. Das Leben geht weiter und andere brauchen meine Liebe. Um ehrlich zu sein, war Maggie im Vergleich zu Hannah eine echte Herausforderung für uns. Doch so ist es eben mit

Beziehungen, die von Liebe geprägt sind. Einige sind leichter als andere, doch alle sind es wert, dass man sich damit Mühe gibt.

Der Apostel Petrus drückte dies in seinem ersten Brief treffend aus und wir sollten uns seine Worte zu Herzen nehmen: *„Vor allen Dingen aber habt untereinander eine anhaltende Liebe! Denn die Liebe bedeckt eine Menge von Sünden"* (1. Petrus 4,8; ELB).

Wir alle versagen. Wir alle sündigen. Wir alle brauchen Liebe, wenn wir scheitern. Wir alle brauchen Gnade. Mein Gebet lautet daher, dass wir ansteckende Zeugen der erstaunlichen Gnade Gottes sein mögen.

Dank

Dieses Buch wäre nicht entstanden ohne die Unterstützung und brüderliche Begleitung dreier Männer, die in meinem Leben eine wichtige Rolle spielen. Mein Dank gilt Ed Underwood, Kevin Butcher und Don Jacobson, die mich ermutigt und bestärkt haben, trotz der Ablehnung mehrerer Verlage weiterzuschreiben. Mein Leben und meine Reise mit Jesus sind so viel reicher durch die Ehrlichkeit und Gnade, die diese drei mir schenken.

Ich möchte meinem Agenten, Don Jacobson, dafür danken, dass er an mich glaubte, als ich zweifelte. Mein Dank geht auch an Blair Jacobson und das Team von D. C. Jacobson & Associates, die mich dazu bewegt haben, jeden Aspekt des Projekts sorgfältig zu durchdenken, bevor es auf den Weg gebracht wurde. Ich bin davon überzeugt, dass dieser Prozess ein Schlüsselelement auf dem Weg zur Publikation war.

Ich danke Jon Farrar und dem Autorenbetreuer-Team von Tyndale House Publishers, die das Potenzial dieser ungewöhnlichen Darstellung der Gnade und des Glaubens sahen. Danke an meine Lektorin Bonne Steffen, neben der ich geradezu wie ein halbherziger Hundeliebhaber aussehe. Ihr liebevolles Engagement hat mein Buch erheblich verbessert und dafür bin ich sehr dankbar.

Mein Dank gilt auch meiner wundervollen Familie, die meine „Dad"-Scherze und mein peinliches Plaudern mit Fremden an öffentlichen Plätzen gelassen hingenommen hat. Ich liebe und ich danke euch, Matt und Holly, Scott und Caroline und Brett. Jeder von euch ist ein größerer Segen für mich, als ich in Worten ausdrücken kann.

Und danke, Joni, Liebe meines Lebens. Du hast bei verrückten Plänen und lächerlichen Träumen stets zu mir gehalten. Du hast an mich geglaubt, als nur wenige das taten. Du hast mich geliebt, als ich nicht gerade liebenswert war. Du hast dich oft allein um die Kinder gekümmert, während ich meine Karriere aufbaute. Du hast Erstaunliches geleistet! Du hast meine Liebe zu Hunden akzeptiert und dir zu eigen gemacht. Du hast drei Jahrzehnte voller schlammiger Pfoten, angekauter Möbel und durch die Luft fliegender Hundehaare ertragen. Du hast akzeptiert, dass ein Haus mit drei Jungen und einem Hund kein makelloses Vorzeigeheim war. Du hast voller Liebe ein Zuhause geschaffen, das uns alle genährt und uns Freiheit gelassen hat. Dein Glaube und deine Kraft in den Schwierigkeiten, die du durchgemacht hast, haben mich inspiriert und verändert. Gott gab mir die perfekte Partnerin, als du unerklärlicherweise Ja sagtest. Ich liebe dich.

In liebevollem Gedenken

Nur wenige Wochen nachdem das Lektorat dieses Buches beendet war, starb Hannahs beste Freundin Sadie. Sie war freundlich und sanft und hat unsere Familie fast vierzehn Jahre lang beschenkt, mit liebevoller Treue. Hannah würde wollen, dass man sich an ihre beste Freundin erinnert. Du wurdest genauso sehr geliebt, wie du Scott, Caroline und „deine“ kostbaren Babys Bennett und Clara geliebt hast. Auf Wiedersehen, Sadie!

Anmerkungen

3 Sei einfach da!

1 Deborah M. Custance and Jennifer Mayer, „Empathic-Like Responding by Domestic Dogs (Canis Familiaris) to Distress in Humans: An Exploratory Study“, Animal Cognition 15 (Mai 2012), S. 851–859. Freie Übersetzung.

2 Henri J. M. Nouwen, *Out of Solitude: Three Meditations on the Christian Life*, rev. ed. (Notre Dame, IN: Ave Maria Press, 2004), S. 38. Freie Übersetzung.

4 Im Hier und Jetzt leben

1 C. S. Lewis, *Christian Reflections* (Grand Rapids, MI: William B. Eerdmans, 1967), S. 113. Freie Übersetzung.

6 Gute Freunde

1 Anne Lamott, *Bird by Bird* (New York; Anchor Books, 1995), S. 22. Freie Übersetzung.

2 Howard Hendricks, „Paul, Barnabas and Timothy“ in *Men of Integrity: A Daily Guide to the Bible and Prayer*, ed. Harry Genet, Ashley Nearn, and Linda Gehrs (Nashville, TN; Word Publishing, 1999), S. 16. Freie Übersetzung.

3 Joshua Wolf Shenk, „What Makes Us Happy?“ The Atlantic, June 1, 2009, http://www.theatlantic.com/magazine/archive/2009/06/what-makes-us-happy/307439/2/?single_page=true. Freie Übersetzung.

7 Komm zu Herrchen

1 What a fellowship, what a joy divine,
Leaning on the everlasting arms;
What a blessedness, what a peace is mine,
Leaning on the everlasting arms.
Leaning, leaning,

Safe and secure from all alarms;
Leaning, leaning,
Leaning on the everlasting arms.
Deutsche Übersetzung des Liedtextes „Leaning on everlasting arms“, © Warner/Chappell Music, Inc, Universal Music Publishing Group.

2 Ebd.

8 Lügen abschütteln

1 Lesen Sie folgenden Artikel zum gleichen Thema: Alexis C. Madrigal, „Science: Dogs Can Shake 70 % of the Water from Their Fur in 4 Seconds, Here's How“, *The Atlantic*, August 15, 2012, *http://www.theatlantic.com/technology/archive/2012/08/science-dogs-can-shake-70-of-the-water-from-their-fur-in-4-seconds-heres-how/261191.*

2 Timothy Keller, *Every Good Endeavor: Connecting Your Work to God's Work* (New York: Dutton, 2012), S. 137. Freie Übersetzung.

10 Authentisch leben

1 Siehe: *http://www.youtube.com/watch?=o0SBamE107Y.*

2 Henri J. M. Nouwen, *Bread for the Journey: A Daybook of Wisdom and Faith* (New York: Harper Collins, 1997), April 23. Freie Übersetzung.

3 „Truefaced“ ist eine wertvolle Ressource, um Menschen zu helfen, Gottes Gnade durch die Wiederherstellung verloren gegangenen Vertrauens und verloren gegangener Liebe zu erfahren. Die „Zwei-Wege-zwei-Räume“-Botschaft hat mich tief berührt und meine Sicht der Gnade völlig umgekrempelt. Siehe *http://www.youtube.com/watch?v=Rfy03PEVUhQ.*

4 John Lynch, Bruce McNicol and Bill Thrall, *The Cure* (Colorado Springs, CO: NavPress, 2011), S. 29. Freie Übersetzung.

5 C. S. Lewis, *The Four Loves* (San Diego, CA: Harcourt Brace Jovanovich, 1960), S. 96–97. Freie Übersetzung.

11 Dankbarkeit beginnt mit einer Haltung

1 George Herbert, *Poems* (New York: Alfred A. Knopf, 2004), S. 149. Freie Übersetzung.

2 Ed Underwood, *When God Breaks Your Heart: Choosing Hope in the Midst of Face-Shattering Circumstances* (Colorado Springs, CO: David C. Cook, 2008), S. 58. Freie Übersetzung.

3 C. S. Lewis, *The Collected Letters of C. S. Lewis: Books, Broadcasts and the War*

1939–1949, ed. Walter Hooper (New York: Harper Collins, 2004), S. 869. Freie Übersetzung.
4 Philip Yancey, *What's So Amazing about Grace?* (Grand Rapids, MI: Zondervan, 1997), S. 112. Freie Übersetzung.

12 Die Knochen der Bitterkeit vergraben

1 Bill Thrall, Bruce McNicol, and John Lynch, *True Faced Experience Edition* (Colorado Springs, CO: NavPress, 2004). Freie Übersetzung.
2 Marylin Elias, „Psychologists Now Know What Makes People Happy", *USA Today*, December 8, 2002, *http://usatoday30.usatoday.com/news/health/2002-12-08-happy-main_x.htm*. Freie Übersetzung.
3 Zitiert in Tullian Tchividjian, *One Way Love* (Colorado Springs, CO: Cook Publishing, 2013), S. 72. Freie Übersetzung.

13 Schwanzwedeln zur Begrüßung

1 Zitiert in *Humour for All Ages*, ed. Mel Bergstresser (Bloomington, IN: Xlibris LLC, 2013), S. 83. Freie Übersetzung.
2 Dave Barry, „Earning a Collie Degree", *Miami Herald*, September 8, 1985, *http://www.miamiherald.com/2011/07/31/2279225/earning-a-collie-degree.html.* Freie Übersetzung.
3 Karen Allen, Jim Blascovich, and Wendy B. Mendes, „Cardiovascular Reactivity and the Presence of Pets, Friends, and Spouses: The Truth About Cats and Dogs", *Psychosomatic Medicine 64*, no. 5 (September/October 2002), S. 727–739. Freie Übersetzung.

14 Nur die Guten sterben jung?

1 Sir Walter Scott, *The Complete Works of Sir Walter Scott with a Biography and His Last Additions and Illustrations in Seven Volumes – Vol. VII* (New York: Conner & Cooke, 1833), S. 371. Freie Übersetzung.
2 Dan Patrick, *SportsCenter*, IMDb.com, *http://www.imdb.com/title/tt0136668/quotes*. Freie Übersetzung.
3 Siehe Johannes 14,1–3.
4 Dietrich Bonhoeffer, zitiert von Eric Metaxas in: *Bonhoeffer, Pastor, Agent, Märtyrer und Prophet* (SCM Hänssler, 2011), S. 666.
5 Randy Alcorn, *The Treasure Principle: Discovering the Secret of Joyful Giving* (Colorado Springs, CO: Multnomah Books, 2001), S. 42. Freie Übersetzung.

6 C.S. Lewis, *Mere Christianity* (San Francisco: Harper San Francisco, 2009), S. 136–137. Freie Übersetzung.

7 Siehe *http://www.youtube.com/watch?v=SAbCyA2rbxM.*

15 Auf Wiedersehen

1 Billy Graham, „Will There Be Animals in Heaven?" Arcamax, January 30, 2013, *http://www.arcamax.com/religionsandspirituality/billygraham/s-1260302.* Freie Übersetzung.

2 George Graham Vest, „Tribute to the Dog", *The History Place, http://www.historyplace.com/speeches/vest.htm.* Die Aufnahme von „Tribute to a Dog" von Walter Brannan befindet sich auf dem Album Old Shep ©2000 Universal Special Products.

17 Die Auswirkungen unserer Geschichte

1 Siehe Römer 5,6–8.

2 Siehe Lukas 15,11–24.

3 Siehe Lukas 15,25–32.

4 Siehe Matthäus 20,1–16.

5 Siehe Römer 8,14–16.

6 Siehe Römer 5,10–11.

7 Siehe Epheser 2,13.

8 Siehe Kolosser 3,10.

9 David Kinnaman, *UnChristian* (Grand Rapids, MI: Baker, 2007), 28, S. 182. Freie Übersetzung.

10 Siehe: Römer 8,1–2.

11 Russell D. Moore, „A Purpose-Driven Cosmos: Why Jesus Doesn't Promise Us an Afterlife", *Christianity Today*, February 27, 2012, *http://www.christianitytoday.com/ct/2012/february/jesus-afterlife.html?paging=off.* Freie Übersetzung.

12 Henri J. M. Nouwen, *Here and Now: Living in the Spirit* (New York: Crossroad Publishing, 2006), S. 71. Freie Übersetzung.

18 Sitz! Bleib!

1 Dane Ortlund, *Defiant Grace: The Surprising Message and Mission of Jesus* (Faverdale North, Darlington, England: Evangelical Press, 2011). Freie Übersetzung.

19 Sanfte Führung

1 Aus: Tracks: One Woman's Journey Across 1,700 Miles of Australian Outback.

2 James Botts, „Rest for the Stressed“ (sermon, The Crossing Community church, Crystal Lake, IL, August 11, 2002), *http://www.sermoncentral.com/sermons/rest-for-the-stressed-james-botts-sermon-on-fulfillment-49844.asp.* Freie Übersetzung.

3 Tullian Tchividjian, Twitter post, February 9, 2013, 4:08 p.m., *https://twitter.com/PastorTullian/status/300380784072720385.* Freie Übersetzung.

4 Justin Martyr, *Justin Martyr's Dialogue with Trypho the Jew*, ed. Henry Brown (Oxford: W. Jackson, 1745), S. 65. Freie Übersetzung.

20 Korrektur aus Liebe

1 Ich hörte dies auf einem Podcast, während ich spazieren ging. Auszug aus Tullian Tchividjians Buch *Surprised by Grace: God's Relentless Pursuit of Rebels* (Wheaton, IL: Crossway Books, 2010), S. 57–58.

2 Paul Tautges, „The Difference between Punishment and Discipline“, *Counseling One Another* (blog), October 14, 2013, *http://counselingoneanother.com/2012/10/14/the-difference-between-punishment-and-discipline.* Freie Übersetzung.

3 Jerry Bridges, *The Discipline of Grace: God's Role and Our Role in the Pursuit of Holiness* (Colorado Springs, CO: NavPress, 2006), S. 93. Freie Übersetzung.

22 Magie, wo bist du?

1 Aus: Marley & Me: Life and Love with the World's Worst Dog.

2 Tim Keller Wisdom, Twitter post, September 5, 2013, 2:08 p.m., *https://twitter.com/DailyKeller/status/375727076587741184.* Freie Übersetzung.

3 *The Onion*, „Report: Today (sic) the Day They Find Out Your're a Fraud“, January 31, 2014/http://www.theonion.com/articles/report-today-the-day-they-find-out-youre-a-fraud, 35133/. Freie Übersetzung.

23 Leben lernen – ein Leben lang

1 Cesar Millan, „What Your Pet Can Teach You“, *Parade*, January 11, 2009, *http://parade.condenast.com/39524/parade/what-your-pet-can-teach-you/.* Freie Übersetzung.

2 Ebd. Freie Übersetzung.

Der Verlag weist ausdrücklich darauf hin, dass im Text enthaltene externe Links vom Verlag nur bis zum Zeitpunkt der Buchveröffentlichung eingesehen werden konnten. Auf spätere Veränderungen hat der Verlag keinerlei Einfluss. Eine Haftung des Verlags ist daher ausgeschlossen.

MIX
Papier aus verantwortungsvollen Quellen
FSC® C014496
FSC www.fsc.org

Die amerikanische Originalausgabe erschien unter dem Titel „Stay: Lessons my dogs taught me about life, loss, and grace“ im Verlag Tyndales House Publishers, Inc. Published by arrangement with Tyndale House Publishers, Inc., Carol Stream, Illinois 60188, USA.

1. Auflage 2019
Bestell-Nr. 817539
ISBN 978-3-95734-539-4

Umschlaggestaltung, Layout und Herstellung: Immanuel Grapentin
Umschlagfoto: Unsplash_Samuel Thompson
Fotos innen: Caroline Burchett (S. 64. 156, 178, 237), Robert Forrer (S. 14, 36, 76, 88), alle anderen Fotos stammen aus dem Privatbesitz von Familie Burchett.
Satz: Greiner & Reichel, Köln
Druck und Verarbeitung: GGP Media GmbH, Pößneck
Printed in Germany

www.gerth.de